동아시아미래가치연구소
생명학 CLASS **04**

생명의 진화,
그 역동적 정치에 관하여

생명의 진화,
그 역동적 정치에
관하여

동 아 시 아
미래가치연구소
생명학 CLASS
04

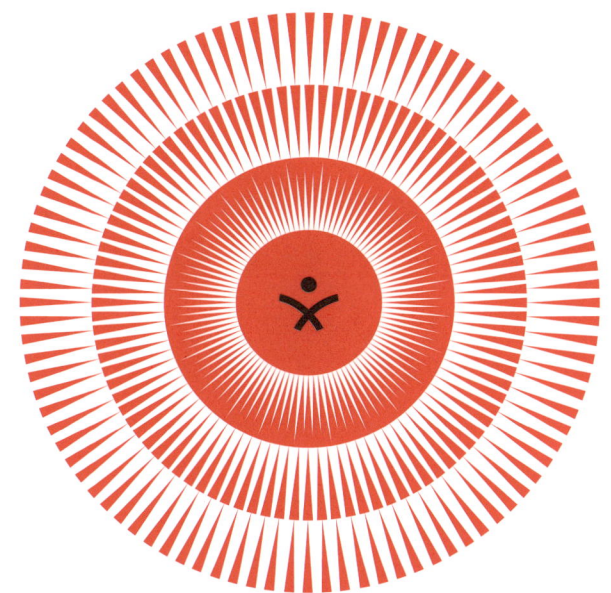

성균관대학교
출 판 부

최유미

지음

기획의 말

오늘날 우리는 '생명'이라는 단어를 자연스럽게 사용하지만, 그 의미를 깊이 성찰할 기회는 많지 않습니다. 근대 과학과 서구적 사유 속에서 정립된 '생명' 개념은 우리 삶에 깊숙이 스며들었지만, 동시에 인간과 자연, 기계와 생명의 경계를 엄격히 구분하는 이분법적 사고를 만들어 냈습니다.

그러나 21세기 들어 기후 위기, 인구 구조의 변화, 첨단 기술의 발전, 인공지능(AI)의 등장과 같은 거대한 전환을 맞이하면서, 기존의 생명관은 더 이상 충분한 설명력이 없음을 드러내고 있습니다. 이제 우리는 다시금 묻습니다.

'생명이란 무엇인가?'

'우리는 생명을 어떻게 이해하고, 어떤 가치를 부여해야 하는가?'

'생명과 생명을 잇는 관계 속에서 돌봄과 책임은 어떤 의미를 가지는가?'

'기술 발전과 함께 생명윤리는 어떻게 변화해야 하는가?'

동아시아미래가치연구소의 "생명학 CLASS" 시리즈는 이러한 질문에 답하고자 기획되었습니다. 본 연구소는 동아시아적 전통 속에서 생명 개념을 탐구하고, 현대 과학기술 및 인문학적 사유를 융합하여 생명의 의미를 재구성하는 시도를 이어가고자 합니다.

본 시리즈 강연록은 다양한 학문 분야의 연구자들이 주축이 되어 학술적, 사회문화적 관점에서 생명을 해석하고, 현대 사회가 직면한 생명 관련 난제들을 조망하는 내용으로 구성됩니다. 특히, 현 사회에서 더욱 중요해지고 있는 '돌봄(care)'과 '생명윤리(bioethics)'의 가치에 주목하며, 생명과 생명 사이의 관계성을 조명합니다.

　오늘날 의료 기술의 발전과 유전자 조작, AI와 로봇 기술의 도입, 기후 변화 속에서의 생명 유지 문제는 새로운 윤리적 화두를 던지고 있습니다. 이에 인간 중심의 생명관을 넘어, 모든 생명체와 생태계가 조화를 이루며 공존할 수 있는 방향으로 생명윤리를 재정립할 필요가 있습니다. 돌봄은 단순한 보살핌을 넘어, 인간과 자연, 기술과 사회가 함께 살아가는 방식에 대한 근본적인 성찰이며, 그 안에서 우리는 생명 존중의 실천적 의미를 찾아야 합니다.

　이 시리즈를 통해 우리는 근대적 생명관의 한계를 넘어, '돌봄'과 '생명윤리'를 중심으로 자연과 인간, 기술과 생명의 새로운 관계를 모색하고자 합니다. 생명에 대한 철학적, 윤리적, 사회적 논의를 확장함으로써, 보다 지속 가능하고 공생적인 미래를 설계하는 데 기여할 수 있기를 바랍니다.

　동아시아의 사유 속에서 생명의 본질, 돌봄의 의미,

그리고 생명윤리의 방향을 다시 묻는 이 여정에 독자 여러분을 초대합니다.

동아시아미래가치연구소

박이진

차례

2025년 10월 1일 수요일 18시~20시

- **강연자**: 최유미(에코페미니스트 연구센터 달과 나무 연구위원)
- **사회자**: 김진웅(동아시아미래가치연구소 선임연구원)
- **강연제목**: 생명의 진화, 그 역동적 정치에 관하여

🎙 **사회자**

안녕하십니까. 반갑습니다. 성균관대학교 동아시아학술원 동아시아미래가치연구소에서 주최하는 〈2025 생명학 클래스〉 제1강의 사회를 맡은 김진웅입니다.

먼저 바쁘신 일정 중에도 강연 녹화 현장을 찾아주시고, 그리고 줌(Zoom)을 통해 온라인으로 함께해주고 계신 모든 분께 진심으로 감사드립니다.

우리 연구소에서는 2024년에 이어 2025년에도 '생명'이라는 키워드로 다양한 분야의 선생님들을 모시고 총 3강의 강연을 준비했습니다. 이번 강연 시리즈가 생명에

대한 깊이 있는 통찰을 나누는 시간이 되기를 바랍니다.

오늘 제1강을 맡아주신 최유미 선생님을 소개해 드리겠습니다.

KAIST 화학과에서 이론물리화학으로 박사학위를 받으셨고, 현재는 '에코페미니스트 연구센터 달과 나무'의 연구위원으로서 과학과 인문학의 경계를 넘나들며 저술과 강의 활동을 활발히 이어가고 계십니다. 특히 저서 『해러웨이, 공-산의 사유』와 도나 해러웨이의 『트러블과 함께하기』, 『종과 종이 만날 때』 등 다수의 번역서를 통해 독자들과 만나오셨습니다.

오늘 선생님께서 들려주실 강의 제목은 '생명의 진화, 그 역동적 정치에 관하여'입니다. 과학적 시선과 인문학적 성찰이 어우러진 흥미로운 시간이 될 것으로 기대합니다. 그럼, 선생님을 모시고 강연을 듣도록 하겠습니다.

생명의 진화, 그 역동적 정치에 관하여

1. 들어가며

🎓 최유미 선생님

인사드리겠습니다. 네, 안녕하세요. 방금 소개를 받은 최유미입니다.

저는 독립 연구자로 활동하고 있고, 공식적으로 소속된 기관으로는 에코페미니스트 연구센터가 있는데요, 그곳에서 현재 연구위원으로 활동하고 있습니다.

제가 공부하고 있는 분야는 여러 갈래로 나뉘어 있습니다만, 중심에는 도나 해러웨이(Donna Haraway)라는 철학자가 있습니다. 최근에는 이자벨 스텐겔스(Isabelle Stengers)를 비롯하여 과학학과 인류학을 넘나드는 연구들을 함께 살펴보고 있습니다. 아울러 인문학당 상우(尙友)에서는 한문도 배우고 있습니다. 반갑습니다.

우선 오늘 강의를 위해 준비한 PPT를 공유하도록 하겠습니다. 여러분께서도 화면을 함께 봐주시면 감사하겠습니다.

오늘 제가 말씀드릴 강의의 제목은 「생명의 진화, 그 역동적인 정치에 관하여」입니다. 제목만 보아도 다소 낯설고, 이상한 조합처럼 느껴지지 않으셨을까 생각합니다. '생명의 진화'라는 주제와 '역동적인 정치'라는 개념이 과연 어떻게 함께 놓일 수 있는가, 아마 그런 의문이 먼저 드셨을 것이라 짐작합니다. 오늘 저는 어쩌면 상당히 이상하게 들릴지도 모르는 이야기를 하게 될 것 같습니다.

지금까지 여러분이 익숙하게 접해 오신 논의와는 다소 거리가 있을 수도 있습니다. 일반적으로 생명의 진화는 자연의 영역에 속하는 것으로 이해되어 왔습니다. 진화라고 하면, 자연 선택(natural selection)이나 적자생존(survival of the fittest)과 같은 법칙들이 작동하는 세계, 다시 말해 자연 그 자체의 영역을 떠올리게 됩니다. 반면 정치는 그러한 자연의 영역 바깥에 존재하는 것으로 간주되었지요. 우리는 흔히 정치를 수행할 수 있는 존재는 인간뿐이며, 정치란 인간에게만 고유하게 허용된 활동이라고 생각해 왔습니다.

인간은 자연에 속한 존재이면서도 동시에 자연을 벗어날 수 있는 존재로 인식되어 온지 오래입니다. 이러한 인식 속에서 정치는 자연의 외부에 위치하며, 인간만의 고유한 영역을 형성한다고 여긴 거지요.

그렇다면 만약 생명의 진화, 그리고 생명이 살아가고 죽어가는 과정 자체를 정치의 문제로 다시 사유해 본다면 어떨까요? 오늘 저는 바로 이러한 문제의식을 바탕으로, 다소 도전적인 과제를 여러분께 제시하고자 합니다. 다시 말해, 이 강의는 여러분을 설득해야 하는 자리이기도 합니다.

2. 서로에게 이끌리는 존재들

세포내 공생: 린 마굴리스에게 바치는 경의
쇼새나 더비너
홀로바이온트(holobiont)

"낯선 자들의 친밀성"
어쩌면 관능적인 분자의 호기심으로, 그리고 분명 만족할
줄 모르는 갈망으로, 서로 껴안기를 향한 저항할 수 없는 이
끌림이 지구에서 영위되는 삶과 죽음의 불가결한 동력인지

도 모른다.(해러웨이, 2021, 108쪽)

__ **공생물발생(symbiogenesis)**

이제 그림 하나를 함께 보겠습니다.

이 작품의 제목은 「세포내 공생: 린 마굴리스에게 바치는 경의(Homage)」이며, 쇼새나 더비너(Shoshana Dubiner)라는 작가의 작품입니다.

린 마굴리스(Lynn Margulis)는 공생생물학, 다시 말해 공생발생(symbiogenesis)이라는 개념을 제시한 생물학자였으며, 매우 중요한 업적을 남긴 과학자입니다. 2011년에 세상을 떠났고, 그의 아들인 도리언 세이건(Dorian Sagan)과 함께 다수의 저술 작업을 진행했습니다.

두 사람이 함께 쓴 책 가운데 하나가 『끝없는 경이(Dazzle Gradually)』입니다. 이 작가는 해당 저작을 읽은 이후, 마굴리스가 사망한 뒤에 그에 대한 오마주로 이 그림을 제작했습니다.

이 작품 속에 등장하는 형상들은 모두 세포 내부에 존재하는 박테리아나 세포 소기관(cell organelles)들을 바탕으로

하고 있습니다. 사진 자료나 현미경 이미지를 참고하여, 그로부터 시각적 아이디어를 얻어 재구성한 결과물입니다.

마굴리스는 미국 매사추세츠 대학교 애머스트 캠퍼스(University of Massachusetts Amherst) 생물학과에서 근무했습니다. 이 그림은 생물학과와 지구과학과 사이에 위치한 복도에 크게 확대되어 전시되어 있습니다. 이 전시 위치는 우연이 아닙니다. 마굴리스는 생물학뿐 아니라 지구과학(earth sciences) 분야에도 매우 중요한 기여를 했기 때문입니다.

여기서 여러분께 한 가지 질문을 던져보고자 합니다. 가이아 이론(Gaia theory)이라는 말을 들어보신 적이 있으신가요? 우리는 흔히 제임스 러브록(James Lovelock)의 가이아 가설(Gaia hypothesis)만을 떠올리지만, 러브록이 이 가설을 제시할 수 있었던 배경에는 린 마굴리스와의 협업이 결정적인 역할을 했습니다.

가이아 가설이 형성되던 당시, 러브록은 나사(NASA)의 방문 과학자로 활동하고 있었고, 그가 품었던 핵심 질문은 다음과 같은 것이었습니다.

"지구의 산소 농도는 어떻게 오랜 시간 동안 일정한

수준으로 유지될 수 있는가?"

이 질문은 매우 이상하고도 근본적인 문제를 제기합니다.

산소는 반응성이 매우 높은 원소입니다. 반응성이 높다는 말은, 산소가 존재하는 곳이라면 어디에서든 쉽게 다른 물질과 결합하려는 성질을 지닌다는 뜻입니다. 그렇다면 상식적으로 생각해 볼 때, 산소의 농도는 시간이 지날수록 감소해야 하지 않겠습니까? 산소가 다른 물질에 달라붙으면 녹이 슬기도 하고, 한편으로는 우리가 호흡할 수 있게 되기도 합니다. 산소의 양이 많아지면 연소가 일어나 불이 나기도 하지요. 이처럼 산소는 끊임없이 반응을 일으키는 물질입니다.

자, 그렇다면 이런 질문이 자연스럽게 생기겠지요. 이렇게 반응성이 높은 산소가 어떻게 지구 대기 속에서 오랜 시간 동안 일정한 농도로 유지될 수 있는가? 이는 결국, 어딘가에서 산소가 지속적으로 생성되고 있다는 뜻이 됩니다. 바로 이 지점에서 러브록은 이를 매우 이상한 현상으로 받아들였고, 그 질문을 린 마굴리스에게 던집니다.

그때 마굴리스는 다음과 같이 답합니다.

"그것은 생명이 있기 때문이다."

생명체들이 광합성(photosynthesis)을 수행하고, 호흡을 하며, 다양한 생리적 활동을 이어가는 과정속에서 산소는 끊임없이 생성됩니다. 그 결과, 지구의 산소농도는 일정하게 유지됩니다. 마굴리스는 이러한 상태를 항상성이라는 개념으로 설명합니다. 이는 마치 인간이 체온을 약 36.5도로 일정하게 유지하는 것과 유사한 방식입니다. 우리는 이러한 현상을 흔히 항상성, 호메오스테이시스(homeostasis)라고 부릅니다.

이러한 항상성을 유지하는 체계로서 지구를 이해하자는 발상에서, 러브록은 그의 친구인 윌리엄 골딩의 제안을 받아들여, 대지의 여신 가이아(Gaia)의 이름을 따서 가이아 가설이라는 명칭을 사용하게 됩니다.

이제 다시 세포 내 공생(endosymbiosis)이라는 개념으로 돌아가 보겠습니다. 세포 내 공생이란 무엇을 의미하는가. 말 그대로, 하나의 세포 내부에 서로 다른 존재들이 함께 살아가고 있다는 뜻입니다. 여기서 '서로 다른 존재들'

이란 무엇일까요. 그것은 곧 유전자가 서로 다른 존재들을 가리킵니다.

우리는 그저 생명체의 가장 기본적인 단위를 세포(cell)라고 생각합니다. 그렇다면 인간의 세포 안에는 인간의 DNA만이 가득 차 있어야 할 것처럼 보입니다. 그러나 실제로는 그렇지 않습니다. 인간의 세포 내부에는 매우 잡다한 DNA들이 뒤섞여 존재합니다. 바로 이 점이 세포 내 공생 가설(endosymbiotic theory)의 핵심입니다.

이러한 생각은 사실 생물학의 역사에서 19세기 말부터 하나의 '스캔들'로 간주 되어 왔습니다. 물론 당시에는 DNA가 서로 다르다는 사실을 직접적으로 확인할 수 있는 기술이 존재하지 않았습니다. 그럼에도 불구하고, 19세기 생물학자들은 녹조류와 같은 생명체를 광학현미경으로 관찰하면서, 하나의 세포 안에서 서로 다른 대사 작용(metabolic processes)이 일어나고 있다는 점, 다시 말해 서로 다른 리듬의 대사가 공존하고 있다는 점을 포착했습니다.

이러한 관찰을 바탕으로, 서로 다른 존재들이 하나의 세포 안에서 함께 살아가고 있을지도 모른다는 가설이 제시되기도 했습니다. 다만 이 가설은 오랫동안 녹조류와 같은 특정 생물군에만 국한된 설명으로 남아 있었습니다.

그러나 마굴리스는 세포 내 공생 가설을 통해, 세포라는 존재 자체가 이미 매우 이질적인 것들의 집합이라는 점을 분명히 합니다. 그리고 마굴리스는 이러한 상태를 "낯선 자들의 친밀성(intimacy of strangers)"이라는 표현으로 설명합니다. 이 역시 상당히 기묘한 표현입니다.

이 말이 의미하는 바는 분명합니다. 서로 낯선 존재들이면서도, 서로에게 극도로 감응적인 관계를 형성하며 살아가고 있다는 것입니다. 이러한 관점은 도나 해러웨이의 저서 『트러블과 함께하기(Staying with the Trouble)』에서 제시하는 논의와도 깊이 연결됩니다. 해러웨이는 지구에서 영위되는 삶과 죽음의 과정에서, 갈망, 호기심, 이끌림과 같은 동력들이 매우 불가결할지도 모른다고 말합니다.

우리는 그동안 갈망하거나, 호기심을 품거나, 무언가에 이끌린다는 감각을 인간에게만 적용되는 것으로 생각해 왔습니다. 인간이 아닌 생물들은 그저 자연의 법칙에 복종하는 존재, 혹은 기계적으로 반응하는 존재 정도로 이해되어 왔던 것입니다.

3. 진화의 동력은 '섹스'보다 '먹기'다

이제 린 마굴리스의 공생 가설을 조금 더 자세히 설명해보지요. 원시 지구에는 고세균(Archaea)과 박테리아(bacteria)가 존재했습니다. 이 시기는 지구 대기에 산소가 거의 없던 시기였습니다.

고세균은 비교적 덩치가 큽니다. 그만큼 힘은 세지만, 움직임은 둔합니다. 반면 박테리아는 매우 작지만, 그만큼 이동성이 뛰어납니다. 이 둘은 그렇게 서로 다른 특성을 지닌 채, 일종의 균형을 이루며 공존하고 있었습니다. 고세균은 포식자로서의 잠재력을 가지고 있었지만, 민첩하게 움직이지 못했기 때문에 사냥에 능숙하지 않았습니다. 반대로 박테리아는 작고 재빠르기 때문에, 상대적으로 포식으로부터 잘 벗어날 수 있었습니다.

그런데 어느 시점에서, 고세균이 박테리아를 잡아먹는 사건이 발생합니다. 문제는 그다음입니다. 잡아먹기는 했지만, 소화를 하지 못하는 상황이 벌어진 것입니다. 이 '소화 불량'이라는 표현은 린 마굴리스가 즐겨 사용하는 매우 중요한 메타포입니다. 얼마나 갑갑한 상태인지, 우리가 체했을 때를 떠올려 보면 이해가 쉬울 것입니다.

그 상태에서, 매우 기묘한 일이 일어납니다.

고세균은 분명 먹이를 삼켰는데, 그 먹이가 자신의 몸속에서 죽지 않고 살아 있습니다. 잡아먹힌 존재가 사라지지 않은 채 내부에 머물러 있는 상황인 것이지요. 그 결과, 고세균이 섭취하는 영양분은 곧바로 자신의 배 속에 살아 있는 존재를 살찌우는 결과로 이어집니다.

몸속에 들어온 박테리아는 영양분을 공급받게 되면서 대사 활동(metabolism)을 수행하게 됩니다. 대사 활동이 일어나면 당연히 부산물, 즉 배설물이 생성됩니다. 그런데 이 배설물을 고세균이 다시 흡수하게 됩니다. 그리고 이 때, 고세균은 이전과는 다른 반응을 경험합니다. 설명하기 어려울 정도로, 이상하게 힘이 나는 것입니다.

반대로, 잡아먹힌 쪽의 입장에서 보더라도 상황은 나쁘지 않습니다. 덩치가 작은 존재가 외부에서 먹이를 구하려면 상당한 에너지를 소모해야 합니다. 그러나 이 경우에는 가만히 있어도 영양분이 지속적으로 공급됩니다. 그러니 '이 방식도 나쁘지 않다'는 상태가 형성되는 것입니다.

이러한 관계 속에서, 처음에는 매우 수동적인 용출(leakage) 과정이 시작됩니다. 세포란 기본적으로 '막(membrane)'으로 둘러싸인 존재이며, 그 막은 완전히 닫힌 경계가 아니라 미세한 구멍들이 존재합니다. 살아 있는 존재는 필연적으로 무언가를 흘립니다. 눈물을 흘리고, 땀을 흘리고, 배설물을 흘리듯이 말입니다.

이렇게 서로가 흘린 부산물들이 다시 상대의 내부로 유입되면서, 점차 하나의 상호 연결된 시스템이 형성됩니다. 처음에는 의도도 계획도 없는, 매우 수동적인 용출 과정에 불과했지만, 그 결과가 양쪽 모두에게 유리하게 작용했던 것입니다. 그리고 수만 년의 오랜 시간에 걸쳐, 이 관계는 점차 변화합니다. 단순한 용출은 점점 더 정교해지고, 결국에는 능동적인 수송과정으로 전환됩니다.

이것이 바로 린 마굴리스가 제시한 공생 가설의 핵심입니다.

여기서 주목할 점은, 이 가설이 린 마굴리스가 20대 초반에 박사학위 논문으로 제시한 내용이라는 사실입니다.

당시 마굴리스는 『코스모스(Cosmos)』의 저자로 알려진 칼 세이건(Carl Sagan)과 함께 살고 있었고, 이 시기에 훗날 공동 작업자가 되기도 하는 아들, 도리언 세이건을 임신하고 있었습니다. 마굴리스는 훗날, 임신이라는 경험이 이러한 사유에 영향을 미쳤다고 말하기도 합니다.

이 논문은 학술지에 제출되었지만, 무려 열다섯 차례나 게재 거부를 당합니다. 당시의 반응은 한마디로 말해, '말도 안 되는 이야기'였습니다. 그 시기에는 DNA 분석 기법이 존재하지 않았고, 서로 다른 유전자를 지닌 존재들이 하나의 세포 안에 공존하고 있다는 사실을 입증할 방법도 없었습니다. 따라서 이 논의는 실험적으로 검증된 이론이 아니라, 말 그대로 하나의 가설에 불과했습니다.

사실, 공생(symbiosis)이라는 개념을 처음 제안한 사람이 린 마굴리스는 아닙니다. 이미 19세기 후반부터 생물학자들은 이 문제를 반복해서 제기해 왔습니다. 지의류(地衣類)나 해조류와 같은 생명체를 관찰하면서, 서로 다른 존재들이 함께 살아가는 현상에 대해 공생이라는 개념으로 설명하려는 시도가 존재했습니다.

그렇다면 마굴리스의 연구가 갖는 결정적인 차이는 무엇일까요? 그것은 공생을 드문 예외적 현상으로 취급하지 않았다는 점입니다. 마굴리스는 공생이 특수한 경우가 아니라, 생명체의 표준적인 상태, 다시 말해 공생이야말로 생명의 기본 조건이라고 주장했습니다. "공생이 표준이다." 바로 이 명제가 마굴리스의 공생 가설의 핵심을 이룹니다.

앞서 말씀드렸듯이, 이 논문은 열다섯 차례나 거절을 당한 끝에 결국 『이론생물학회지(Journal of Theoretical Biology)』에 실리게 됩니다. 학술지에 게재되기는 했지만, 그 이후로도 상당한 기간, 이 이론은 주류 생물학의 중심에 들어오지 못한 채, 변방의 이론으로 남아 있었습니다.

그러나 1970년대와 1980년대에 접어들면서 상황은 점차 달라지기 시작합니다. 이 시기는 전자현미경(electron microscope)의 시대이기도 했고, 여기에 더해 DNA 염기서열 분석(DNA sequencing)이라는 새로운 방법론이 등장한 시기이기도 합니다. 다시 말해, 유전 물질을 추론하는 수준을 넘어, DNA를 직접 관찰하고 비교할 수 있는 기술적 조

린 마굴리스, 세포내공생가설

린 마굴리스는 공생 생물학이라는 연구분야를 창시했지만 마굴리스가 공생가설을 가장 처음 제기하지는 않았다. 19세기 후반에 생물학자들은 지의류와 해조류의 몇가지 공생에 대해 알았다.

그러나 마굴리스의 연구 이전에는 공생은 무한 경쟁이 지배하는 세상에서 드문 예외였다. 마굴리스는 공생이 '표준'이며 관계성의 핵심적인 형태라는 것을 보여준다.

건이 마련된 것입니다.

이 새로운 분석 방법을 통해 세포 내부를 살펴보았을 때, 마굴리스가 주장했던 바가 단순한 가설이 아니라는 사실이 점점 확인되기 시작합니다. 실제로 서로 다른 기원을 가진 DNA들이 하나의 세포 안에 공존하고 있다는 점이 관찰되었던 것입니다.

지금 여기 제시된 이 그림을 하나의 세포라고 생각해 보시면 좋겠습니다. 인간의 체세포라고 생각하셔도 되고, 조금 더 넓게는 동물의 세포라고 생각하셔도 무방합니다.

처음 단계에서 이 세포는 내부가 비교적 균질한 상태, 말하자면 약간 죽처럼 이루어진 구조를 가지고 있습니다. 그런데 시간이 지나면서 세포막이 안쪽으로 깊게 접혀 들어가는 변화가 일어납니다. 이 막의 내접(infolding) 과정을 통해 핵(nucleus)이 형성됩니다. 핵이 만들어졌다는 것은, 유전 물질이 세포 내부에서 하나의 중심을 갖게 되었다는 뜻이기도 합니다.

이후에 벌어지는 사건이 매우 중요합니다. 핵을 갖게 된 이 세포가 호기성 박테리아(aerobic bacteria)를 잡아먹게 되는 것입니다. 다시 말해, 원래 세포 바깥에 존재하던 것이 세포 내부로 들어오게 되는 순간입니다.

우리는 이 시기의 지구 환경을 함께 떠올릴 필요가 있습니다. 당시의 지구는 아직 전반적으로 혐기성(嫌氣性), 즉 산소가 거의 없는 상태였고, 동시에 시아노박테리아(cyanobacteria)와 같은 생명체들이 등장하면서 대기 중 산소 농도가 점차 증가하고 있던 시기였습니다. 이러한 전환기의 조건 속에서, 혐기성 세균이 호기성 박테리아를 포식하는 일이 발생하게 됩니다.

그런데 여기서 다시 한번, 앞서 말씀드린 '낯선 자들의 친밀성'이라는 개념이 작동합니다. 잡아먹힌 존재와 잡아먹은 존재가 함께 살아가 보니, 예상과 달리 그 관계가 나쁘지 않았던 것입니다. 오히려 서로에게 유리한 조건이 형성됩니다.

이 관계는 점차 일시적인 공존을 넘어, 안정적인 관계로 고정됩니다. 그렇게 해서 함께 살아가는 방식이 세대를 거쳐 지속되면서, 결국 하나의 새로운 세포 유형, 즉 진핵세포(eukaryotic cell)로 진화하게 됩니다.

그 결과, 오늘날 우리 몸속 세포 안에 존재하는 것이 바로 미토콘드리아(mitochondria)입니다. 미토콘드리아는 세포 내부에서 에너지를 생산하는 기관으로, 말하자면 세포의 발전소와 같은 역할을 수행합니다.

우리가 음식을 섭취한다고 해서, 그 음식이 곧바로 에너지로 전환되는 것은 아닙니다. 실제로 에너지를 만들어내는 역할을 수행하는 것은 미토콘드리아입니다. 다시 말해, 에너지 생산은 인간의 체세포, 즉 인간의 DNA가 직접 담당하는 과정이 아닙니다.

원래 원시 지구에서 호기성 세균이었던 프로테오박테리아(proteobacteria)가 공생의 과정을 거쳐 미토콘드리아로 전환되었고, 바로 그 내부에서 에너지가 생산됩니다. 인간을 포함한 동물의 세포에서 이루어지는 에너지 대사의 핵심은, 이처럼 과거의 박테리아 기원을 가진 기관이 담당하고 있다는 겁니다.

식물의 경우에는 이와 유사한 역할을 엽록체(chloroplast)가 수행합니다. 식물에게 엽록체는 에너지 생산의 핵심 기관입니다. 광합성 없는 식물을 상상할 수 있을까요. 사실상 불가능한 일입니다.

　이 모든 전환의 결정적인 계기는 시아노박테리아, 즉 광합성을 수행하는 박테리아를 잡아먹은 사건에 있습니다. 그 박테리아가 소화되지 않은 채 몸속에 남아 함께 살아가게 되면서, 광합성이라는 능력이 세포 내부에 고정됩니다. 그 결과, 식물로 이어지는 진화가 가능해졌고, 더 나아가 동물로 이어지는 진화의 경로 역시 열리게 됩니다.

4. 과학, 설명력을 갖춘 이야기

제가 생물의 진화를 정치로 설명하겠다고 말씀드렸을 때, 여러분은 아마도 당연히 이런 의문을 가지셨을 겁니다.

"그게 과연 사실에 부합하는 이야기인가?"

우리가 과학에 대해 흔히 가지고 있는 통념은 비교적 분명합니다. 이 세계에 이미 존재하는 사실들을 과학자가 하나하나 발견해 나가는 과정, 그것이 과학이라는 생각이지요. 그런데 실제로 벌어지는 일은 그렇게 단순하지 않습니다. 그래서 제 이야기를 더 진행하기 전에, 과학적 사실이라는 것이 도대체 무엇인지, 이 문제를 조금 더 들여다보고 나서 이야기를 이어가고자 합니다.

아까도 말씀드렸듯이, 제가 다루고 있는 것은 마굴리스의 공생 가설입니다. 말 그대로 가설이지요. 하나의 이야기입니다. 그런데 이 이야기, 즉 마굴리스의 공생 가설은 오늘날 교과서에 실려 있습니다. 교과서에 실렸다는 것은 무엇을 의미할까요. 그것은 곧 이 이야기가 권위를 획득했다는 뜻이고, 권위를 획득했다는 것은 다시 말해 과학적 사실로 간주되고 있다는 의미입니다. 그런데 여기서 질문이 생깁니다. 이상하지 않습니까? 이야기가 어떻게 사실이 될 수 있을까요.

이 문제는 사실 19세기와 20세기 초반에, 인식론을 연구하던 학자들, 즉 인식론자들을 강하게 사로잡았던 핵심적인 문제였습니다. 왜 과학은 이렇게 특별한가. 지금까지 인류가 축적해 온 지식의 상당 부분은 이야기의 형태였고, 엄밀하게 검증될 수 없는 것들이었습니다. 예를 들어, 아리스토텔레스의 이론들을 우리는 실험으로 검증할 수 있었을까요? 그렇지 않았습니다.

그런데 실험 과학은 다릅니다. 실험실에서의 결정적인 관찰을 통해 검증되는 것처럼 보입니다. 바로 이 점 때문에, 과학은 인식론적으로 가장 우위에 있는 권위를 획득하게 되었다고 여겨져 왔습니다. 그렇다면 질문은 여기로 이어집니다. 이 검증은 어떻게 가능한가! 이 문제를 두고 인식론자들은 본격적으로 탐구를 시작합니다. 대체로는 "실험에 의해 입증된다"고 생각했습니다.

하지만, 이 입증이라는 개념에는 매우 결정적인 논리

적 문제가 있습니다. 왜냐하면 이 모든 논리가 귀납에 기반하고 있기 때문입니다. 오늘까지 사실로 입증되었다고 해서, 내일 반례가 등장하지 않으리라는 보장은 어디에도 없습니다.

이 문제를 버트런드 러셀(Bertrand Russell)은 아주 유명한 예로 설명합니다. 흔히 '러셀의 칠면조 이야기(Russell's turkey)'라고 불리는 사례입니다. 농부가 매일 아침 칠면조에게 먹이를 가져다줍니다. 그러면 칠면조는 농부의 발자국 소리만 들어도, '아, 오늘도 먹이를 가지고 오겠구나'라고 생각하게 됩니다. 그런데 부활절 전날이 되었습니다. 다시 농부의 발자국 소리가 들립니다. 칠면조는 아무 의심 없이 먹을 준비를 합니다. 그러나 그날, 칠면조는 먹이를 받는 대신 가죽이 벗겨지고, 부활절 만찬의 주요 요리가 됩니다.

이런 이야기입니다. 다시 말해, 우리에게 익숙한 "입증된 사실"에는, 이처럼 피할 수 없는 논리적 취약성이 내재해 있다는 뜻입니다.

그렇다면 이렇게 말할 수 있을까요. 과학은 믿을 수

없으니, 과학을 무시해도 되는가. 그렇지는 않습니다. 우리가 지금 이렇게 각종 장치들을 사용해 강의하고 있고, 줌(Zoom)이라는 플랫폼을 통해서도 강의를 진행할 수 있는 이유는 분명히 과학적 성과들 덕분입니다. 그래서 과학을 무시할 수는 없습니다.

논리적인 맹점에도 불구하고 과학자들 대부분은 과학적 지식을 과학적 사실이라고 생각합니다. 우리 역시 학교에서 그것을 과학적 사실로 배우고 있습니다. 그런데 역설적으로, 바로 그 '과학적 사실'이라고 주장되는 것들 때문에 과학이 난처해지는 사례가 점점 더 많이 등장하고 있습니다.

예를 하나 들어볼까요? 자, 진화론을 생각해 보지요. 미국인의 약 60퍼센트는 진화론을 믿지 않습니다. 이 지점에서 우리는 흔히 이렇게 말합니다. "역시 미국은 이상한 나라야." 그런데 정말 그럴까요. 미국 사람들이 유독 이상해서 이런 일이 벌어지는 것은 아닙니다. 진화론에 대해 제기되는 반례들은 실제로 굉장히 많습니다.

가령 눈을 떠올려 보십시오. 눈은 굉장히, 정말 굉장

히 복잡한 기관입니다. 이렇게 복잡한 기관은, 처음에 눈이 눈 비슷한 형태로 막 형성되었을 때에는 생존에 거의 도움이 되지 않습니다. 그렇다면 이런 질문이 나오지요.

도대체 그것이 어떻게 진화할 수 있었는가. 설명하기가 쉽지 않습니다. 이런 종류의 반례들은 사실 제법 많이 존재합니다. 이 말은 곧, 반례가 등장한다는 사실 자체가 모든 것을 설명할 수 없다는 논리적 한계를 드러낸다는 뜻입니다. 그래서 과학을 오로지 '과학적 사실'의 문제로만 접근하게 되면, 과학이라는 제도 자체가 오히려 위험한 상황에 놓이게 됩니다.

지금 기후 위기를 둘러싼 의심론자들이 많이 등장하고 있는 것도 같은 맥락에서 이해할 수 있습니다. 『의혹을 파는 사람들(Merchants of Doubt)』이라는 책도 있지요. 과학적으로 신뢰할 만하다고 여겨져 온 성과들조차, 다양한 반례와 의혹을 통해 끊임없이 공격받고 있습니다. 기후 문제 역시 마찬가지입니다.

그래서 중요한 점은 이것입니다. 과학적 사실 그 자체가 과학의 권위를 만들어주지는 않습니다. 오히려 중요한 점은, 그것이 얼마나 많은 것을 설명할 수 있는가, 다시 말해 설명력의 문제입니다.

5. 기계가 번역하는 생물 이야기

19세기 사람들도 이미 지의류 같은 생명체를 관찰하면서 공생을 발견했습니다. 그럼에도 불구하고, 왜 그것이 모든 생물의 기본 조건이라는 주장으로까지 받아들여지지 못했을까요. 이유는 비교적 분명합니다. 당시에는 광학현미경밖에 없었기 때문입니다.

그런데 마굴리스의 시대는 다릅니다. 그 시대의 핵심 도구는 광학현미경이 아니라 전자현미경입니다.

전자현미경은 어떻게 작동할까요. 전자, 그러니까 일렉트론(electron)을 대상에 쏘아 보내고, 그것이 반사되는 방식을 통해 이미지를 얻습니다. 우리가 사용하는 가시광선, 즉 햇빛은 파장이 비교적 깁니다. 그래서 아주 미세한 구조까지는 자세하게 볼 수 없습니다. 말하자면 이렇게 훅 지나가 버리는 것이지요.

그런데 전자는 파장이 아주 짧습니다. 그래서 훨씬 미세한 구조를 때리고, 그 형태를 포착할 수 있습니다. 다만 문제는, 전자의 에너지가 너무 세다는 점입니다. 살아

Whittaker's Five Kingdom Model / Modern Synthesis

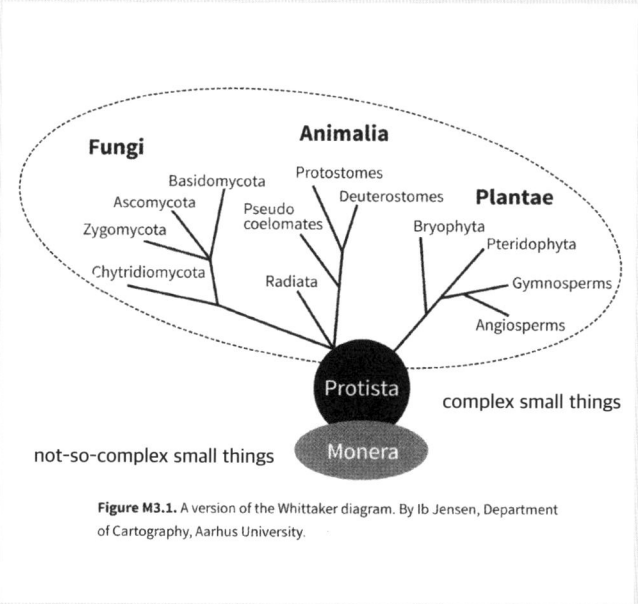

Figure M3.1. A version of the Whittaker diagram. By Ib Jensen, Department of Cartography, Aarhus University.

전자를 이용한 관찰 투과전자 현미경(TEM), 1939년 발명
광학 현미경보다 높은 배율.
1960~1970년대 세포의 특성 관찰에 광범위하게 이용,
1969년 휘태거의 5계(5-kingdom)모델
마굴리스의 진핵세포 관찰(세포내공생가설제기)
여전히 "보기", 즉 비교해부학적 방법에 머물렀음

있는 대상이라면, 말하자면 도망가 버립니다. 그래서 전자현미경 관찰은 반드시 죽은 상태의 시료를 필요로 합니다. 대상을 죽이고, 얇게 슬라이스해서 내부 구조를 관찰하는 방식입니다.

이 과정을 통해 비로소 세포의 구조가 보이기 시작합니다. 그 결과, 우리는 세포막이 단순한 경계가 아니라 안쪽으로 복잡하게 접혀 들어가 있다는 사실을 보게 됩니다. 이 구조를 보면, 이게 과연 안인지 바깥인지, 경계가 어디인지조차 애매해집니다. 세포는 완전히 닫힌 시스템이 아니라는 점이 드러나는 것이지요.

또한 세포 내부에는 소기관(cell organelles)이라고 불리는, 이전에는 상상하지 못했던 다양한 구조들이 무척이나 잡다하게 존재하고 있다는 사실 역시 확인할 수 있습니다. 바로 이 지점에서, 이전과는 전혀 다른 서사를 생각해 낼 수 있는 조건이 마련됩니다.

지금 보고 계신 이 그림은 생물의 분류 체계에서도 아주 다른 결과들을 만들어냈습니다. 이 그림은 휘태커(Robert H. Whittaker)가 제시한 5계(五界) 분류 체계, 즉 휘태커의 5계

시스템(Whittaker's Five Kingdom Model)입니다.

킹덤(kingdom)이라는 말은, 우리가 보통 '계(界)'라고 번역해서 사용합니다. 이전에는 투과전자현미경(Transmission Electron Microscope, TEM)이 존재하지 않았기 때문에, 곰팡이(Fungi) 계를 식물의 일종으로 분류했습니다. 눈으로 보기에, 형태가 비슷해 보였기 때문입니다. 그런데 전자현미경으로 관찰해 보니, 이 존재들은 식물과는 전혀 다른 방식으로 구성되어 있다는 사실을 알 수 있었어요.

그 결과, 곰팡이는 독립적인 하나의 킹덤으로 분리됩니다. 흥미로운 점은, 현재 곰팡이 계에 속하는 생물들 가운데 약 90퍼센트가 아직까지도 제대로 알려져 있지 않다는 사실입니다. 말하자면, 생물계의 '암흑 물질'과도 같은 영역이라고 할 수 있습니다. 이런 인식 전환이 가능해진 배경에는, 분명히 관찰 기술의 변화가 있었습니다.

휘태커의 5계 시스템은 이러한 전제를 바탕으로 하나의 서사를 형성합니다. 가장 단순한 존재에서 출발하여, 점점 더 복잡한 존재로 나아가는 것, 위로 올라갈수록 구조와 기능이 고도화되는 것—이것이 곧 진화라는 이해입니다. 사실 우리가 통상적으로 떠올리는 진화의 이미지 역시 대체로 이런 도식에 기반하고 있습니다.

그런데 이제, 이 그림이 달라지기 시작합니다. 바로 여기에서 등장하는 것이 칼 뵈즈(Carl Woese)가 제시한 DNA 염기서열 분석입니다. 이 시점부터 생물 분류는 더 이상 '보는 것'만으로 이루어지지 않습니다. 눈으로 관찰하는 형태학적 유사성에서 벗어나, 유전 정보 자체를 읽기 시작하는 단계로 이동하게 되는 것입니다.

DNA 염기서열을 분석하면서, 우리는 이전에는 알 수 없었던 사실들을 다수 확인하게 됩니다. 앞서 말씀드린 것처럼, 미토콘드리아와 체세포의 핵이 서로 다른 DNA를 가지고 있다는 점이 밝혀졌고, 엽록체 역시 마찬가지라는 사실이 확인됩니다.

이처럼 DNA를 기준으로 생명체를 다시 분류해 보니, '아주 단순한 존재에서 점점 더 복잡한 존재로 진화한다'는 일직선적인 그림은 더 이상 성립하지 않게 됩니다. 대신, 여기에는 박테리아가 있고, 고세균이 있으며, 진핵생물이 있습니다. 이제 이것은 더 이상 '계'의 문제가 아니라, 도메인(domain)의 문제입니다. 우리말로는 통상 '역(域)'이라고 번역합니다. 이 분류 체계를 우리는 삼역(三域) 시스템, 즉 삼역 체계(Three-Domain System)라고 부릅니다.

한편, 이 삼역 체계는 우리가 현대 종합설(Modern Synthesis)이라고 부르는 현대진화론의 틀 안에서 설명해왔습니다. 그렇다면 여기서 '종합'이란 무엇을 의미할까요? 그것은 바로 찰스 다윈(Charles Darwin)의 진화론과 멘델(Gregor Mendel)의 유전학을 결합한 것입니다. 이 두 이론을 종합하여, 진화를 하나의 통합된 설명 체계로 제시한 것이 바로 현대 종합설입니다.

이 이론은 진화에 대해 특정한 그림을 제시합니다. 그리고 바로 여기에서, 다음 논의로 넘어갈 수 있는 중요한 질문이 등장하게 됩니다.

그렇지만 여기서도 여전히 하나의 강력한 서사는 살아 있습니다. 그것은 어떤 공동의 조상(common ancestor)으로부터 세대가 누적되고, 그 누적된 세대 속에서 작은 차이들이 점점 쌓여, 마침내는 아주 큰 차이가 되어 서로 다른 종으로 분화한다는 이야기입니다.

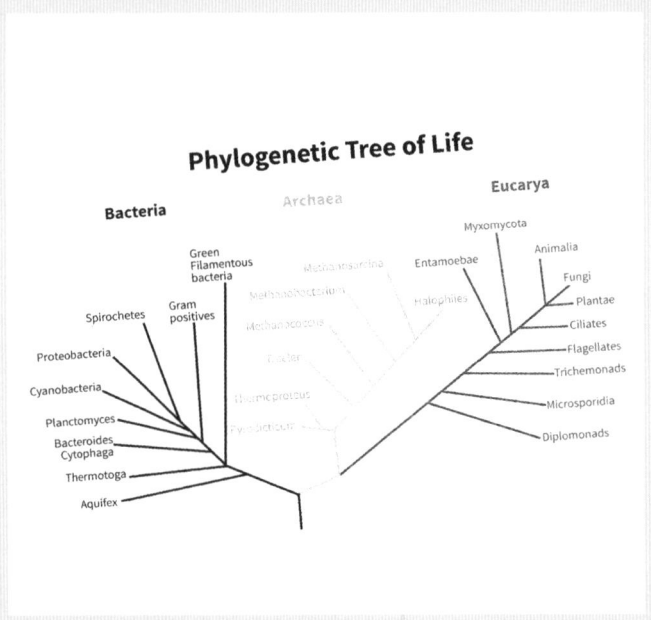

DNA염기서열에 의한 분석

초기 분석법(Carl Woese),

중합효소연쇄반응(Polymerase Chain Reaction PCR, 케리 멀리스)

1980년대 마굴리스의 세포내공생가설을 지지하는 관찰 결과: 세포핵의
DNA와 세포 소기관의 DNA가 다르다는 것이 알려짐

칼 뵈즈: 3 역(Domain) 모델 발표(1990)

이 서사가 바로 수목적(tree-like) 형태의 생물 분류, 즉 계통수(phylogenetic tree)의 서사입니다. 우리가 통상적으로 떠올리는 진화의 그림 역시 대체로 이와 같습니다. 작은 차이가 축적되면 큰 차이가 된다는 설명 자체가 틀렸다고 말할 수는 없습니다.

그러나, 이 서사만으로는 설명되지 않는 문제가 분명히 존재합니다. 우리 세포 안에, 서로 다른 DNA를 가진 존재들이 함께 들어 있다는 사실입니다. 계통수의 서사만으로는, 이 공존의 상태를 충분히 설명할 수 없습니다.

바로 이 지점에서 린 마굴리스가 개입합니다. 마굴리스는 『종의 기원(On the Origin of Species)』 출간 150주년을 기념하는 심포지엄에서 기조연설을 맡게 됩니다. 그리고 그 자리에서, 진화에 대한 기존의 설명 방식에 근본적인 질문을 던집니다.

여기 왼쪽에 보이는 그림은 다윈의 노트입니다. 다윈은 "I think"라고 적어 놓고, 하나의 공동 조상으로부터 세대가 누적되면서 차이가 갈라져 나가는 모습을 도식으로 그려 두었습니다. 우리가 오늘날 너무나 익숙하게 받아들

이고 있는 진화의 이미지가, 바로 이 스케치에서 출발한 것입니다

그 자리에서 린 마굴리스는 이렇게 연설합니다.

"우리가 공동의 조상으로부터 출발했다는 점, 그것은 다윈의 뛰어난 통찰입니다. 그래서 우리는 그것을 칭송합니다."

그러나 이어서 마굴리스는 분명히 선을 긋습니다.

"하지만 계통수, 다시 말해 수목적 구조가 올바른 위상학, 올바른 토폴로지라는 생각은 매우 잘못되었다고 봅니다."

계통수라는 도식은, 앞서 말씀드린 것처럼 하나의 공동 조상으로부터 계통들이 분기를 거듭해 나간다는 이야기를 상징합니다. 가지는 갈라지되, 다시 합쳐지지는 않는 구조입니다. 그런데 우리가 공생생물학에서 확인한 모습은 전혀 다릅니다.

공생의 과정에서는 한 가지에서 다른 가지로 유전 물질이 이동합니다. 앞에서 보셨듯이, 고세균과 박테리아는 계통수 상에서는 완전히 다른 가지에 위치합니다. 그런데

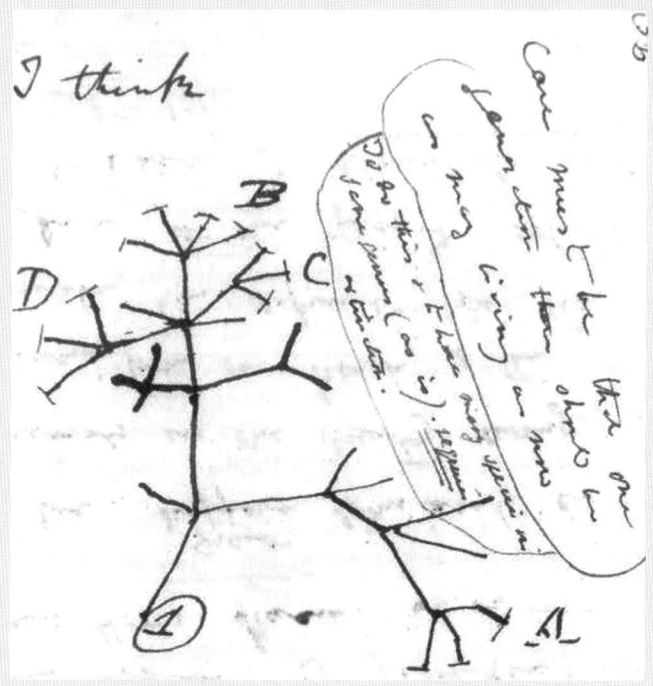

그것은 다윈의 뛰어난 통찰이고, 우리는 칭송한다. 하지만 계통수가 올바른 토폴로지라는 개념은 매우 잘못된 것이라고 생각한다⋯.계통수라는 것은 하나의 공통조상으로부터 계통들이 분기를 거듭한다는 것을 상정하기 때문이다⋯. 한 가지에서 다른 가지로의 유전물질의 이동은 그 토폴로지를 그물로, 웹으로, 그리고 더 이상 계통수가 아닌 것으로 만든다.

이 서로 다른 가지에 속한 존재들 사이에서, 고세균이 박테리아를 잡아먹는 사건을 통해 유전 물질이 이동하고 섞이게 됩니다.

마굴리스가 보기에, 바로 이러한 이종 혼효적 결합이 진화의 핵심적인 원동력입니다. 진화는 단순히 분기만으로 이루어지는 과정이 아니라, 서로 다른 계통들이 만나고, 결합하고, 섞이는 과정이라는 것입니다.

마굴리스의 공생 가설 이후, 많은 연구자들은 특히 박테리아에 대한 광범위한 연구를 통해, 유전자들의 수평적 교환이 진화를 추동하는 중요한 요인임을 발표해 왔습니다. 쿠닌은 이러한 연구 성과들을 바탕으로, 전통적인 계통수와는 다른, 리좀적인 다이어그램을 제시합니다.

이때 중요한 점은, 쿠닌의 다이어그램이 칼 뵈즈가 제시한 삼역(三域) 시스템—박테리아, 고세균, 진핵생물—을 부정하지 않는다는 것입니다. 삼역 체계는 그대로 유지됩니다. 다만, 그 안에서 서로 다른 것들이 섞이고 이동한다는 점이 진화를 이해하는 핵심으로 부상하게 됩니다.

가만히 생각해 보면, 우리가 아주 다른 것들과 섞이

게 되는 결정적인 계기는 사실 '먹는 행위'밖에 없습니다. 우리는 우리 동족을 잡아먹지 않습니다. 다른 동물들도 마찬가지입니다. 다르기 때문에 먹는 것입니다. 그렇게 먹는 과정에서, 전혀 다른 유전적 구성과 대사 체계를 가진 것들이 몸 안으로 들어와 함께 작동하게 됩니다.

그래서 린 마굴리스는 이렇게 말합니다.

"섹스보다 먹기가 훨씬 더 혁신적이다."

먹기는 곧 생존입니다. 생존이 있어야 자식을 만들 수 있고, 자식을 만들기 위해서도 일단 먹어야 합니다. 그런 의미에서 먹는 행위는, 전혀 새로운 것을 만들어내는 데 있어 매우 중요한 역할을 합니다.

물론, 쿠닌의 다이어그램이 최종적인 해답이라고 말할 수는 없습니다. 생물학적 세계가 어떻게 구성되어 있는지에 대한 아이디어는 여전히 매우 유동적입니다. 예를 들어, 현재 진행 중인 논쟁 가운데 하나는 대형 바이러스를 생명의 네 번째 역(domain)으로 간주해야 하는지에 관한 문제입니다.

이러한 논의가 가능해진 데에는 기술적 조건의 급

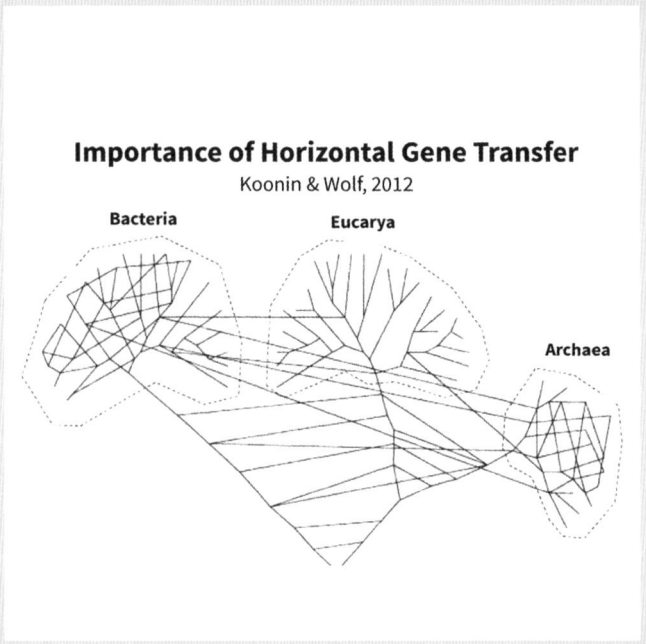

Importance of Horizontal Gene Transfer
Koonin & Wolf, 2012

이 연설이 이루어진 해는 2009년이었고, 린 마굴리스는 그로부터 얼마 지나지 않은 2011년에 세상을 떠납니다. 그리고 그 다음 해인 2012년, 유진 쿠닌(Eugene Koonin)이라는 학자가, 기존의 진화 이해를 다시 생각하게 만드는 하나의 도식을 제시하게 됩니다.

격한 변화가 자리하고 있습니다. 2006년만 해도 DNA 염기서열을 분석하는 데에는 메가바이트(Mb)당 약 6,000달러의 비용이 들었습니다. 그러나 오늘날에는 그 비용이 3~4센트에 불과합니다. 비용이 급격히 낮아지면서, 우리는 점점 더 많은 전체 게놈 서열을 수집할 수 있게 되었습니다.

예전에는 박테리아에 어떤 유전적 변화가 일어나 박테리아의 행동이 달라졌는지를 알기 위해, 실험실에서 수년간의 실험을 반복해야 했습니다. 이제는 수백 달러의 비용으로 박테리아를 보내, 완전한 유전자 염기서열 분석을 수행하면, 유전적 변화를 비교적 간단하게 확인할 수 있습니다.

이러한 변화는 우리가 생물학적 세계를 이해하는 방식 자체를 빠르게 바꾸고 있습니다. 예를 들어, 저명한 미생물학자인 사이러스 초티아(Cyrus Chothia)는 한때 단백질 계열의 수가 1,000개를 넘지 않을 것이라고 예측했습니다.

그러나 유럽 분자생물학 연구소(EMBL)와 웰컴 트러스트(Wellcome Trust)가 운영하는 단백질 계열 데이터베이

스인 Pfam에 따르면, 2015년 5월 기준으로 16,230개의 단백질 계열이 이미 문서화되어 있었고, 그 수는 하루에 약 2~3개씩 발견되는 속도로 계속 증가하고 있습니다. 지금은, 생물학적 지식이 놀라운 속도로 바뀌고 있는 시기라고 할 수 있습니다.

　　당시에는 하나의 샘플을 분석하는 데에도 막대한 비용이 들었지만, 상황이 완전히 달라졌지요. 중합효소 연쇄반응(Polymerase Chain Reaction, PCR)과 같은 방법을 통해, DNA를 증폭시키는 방식으로 분석이 가능해졌고, 이제는 말 그대로 몇 센트 수준의 비용으로도 분석을 진행할 수 있게 되었습니다.

6. 모든 생명체는 개체가 아니라 집합체다

이로 인해, 분석가능한 데이터의 양이 폭발적으로 증가했고, 그만큼 중요한 가설들이 쏟아져 나오기 시작합니다. 그 가운데 하나가, 발생생물학자이자 발달생물학자인 스콧 길버트(Scott F. Gilbert)와 동료들이 2012년에 발표한 논문입니다. 이 논문은 리뷰(review) 논문으로, 제목은 「생명에 대한 공생적 관점: 우리는 결코 개체였던 적이 없다(A Symbiotic View of Life: We Have Never Been Individuals)」입니다.

우리는 식물의 경우에는 공생체(symbiotic entity)라는 생각을 비교적 큰 부담 없이 받아들입니다. 식물은 뿌리를 통해 토양과 연결되어 있고, 수분(受粉)을 하며, 곰팡이·미생물·곤충 등과 끊임없는 상호작용을 수행합니다. 이런 모습은 이미 공생으로 이해하는 데 큰 무리가 없습니다.

그런데 동물에 대해서는 오랫동안 다르게 생각해 왔습니다. 동물은 개체성이 분명하다고 여겨 왔지요. 저와 여러분은 다르다고 생각합니다. 병원에 가 보시면, 사람이 죽었을 때 생체 신호가 모니터에서 '삐―' 하고 사라지는

VOLUME 87, No. 4   *THE QUARTERLY REVIEW OF BIOLOGY*   DECEMBER 2012

A SYMBIOTIC VIEW OF LIFE: WE HAVE NEVER BEEN INDIVIDUALS

SCOTT F. GILBERT

Department of Biology, Swarthmore College
Swarthmore, Pennsylvania 19081 USA
Biotechnology Institute, University of Helsinki
00014 Helsinki, Finland

E-MAIL: SGILBERT1@SWARTHMORE.EDU

JAN SAPP

Department of Biology, York University
Toronto, Ontario M3J 1P3 Canada

E-MAIL: JSAPP@YORKU.CA

ALFRED I. TAUBER

Department of Philosophy, Boston University
Boston, Massachusetts 02215 USA

E-MAIL: AIT@BU.EDU

KEYWORDS
symbionts, symbiosis, individuality, evolution, holobiont

ABSTRACT

The notion of the "biological individual" is crucial to studies of genetics, immunology, evolution, development, anatomy, and physiology. Each of these biological subdisciplines has a specific conception of individuality, which has historically provided conceptual contexts for integrating newly acquired data. During the past decade, nucleic acid analysis, especially genomic sequencing and high-throughput RNA techniques, has challenged each of these disciplinary definitions by finding significant interactions of animals and plants with symbiotic microorganisms that disrupt the boundaries that heretofore had characterized the biological individual. Animals cannot be considered individuals by anatomical or physiological criteria because a diversity of symbionts are both present and functional in completing metabolic pathways and serving other physiological functions. Similarly, these new studies have shown that animal development is incomplete without symbionts. Symbionts also constitute a second mode of genetic inheritance, providing selectable genetic variation

생명에 관한 공생적 관점: 우리는

— 해부학적으로
— 유전적으로
— 발달학적으로
— 면역학적으로
— 생리학적으로
— 진화적으로

개체였던 적이 없다.
"우리는 모두 지의류다"

순간을 확인합니다. 그 소리와 함께, 우리는 그 사람이 죽었다고 말합니다.

이렇게 파형, 즉 피크(peak)가 존재한다는 것은 그 사람이 외부와 구별되는 하나의 개체로 작동하고 있다는 표시입니다. 그런데 '삐—' 소리가 나면, 더 이상 외부와 구별되는 신호가 유지되지 않습니다. 다시 말해, 개체성이 사라졌다는 뜻입니다.

이런 맥락에서 "동물은 개체가 아니다"라고 말하는 것은 굉장히 도발적인 가설입니다. 왜냐하면 지금까지 동물은 해부학적으로, 유전학적으로, 발달학적으로, 면역학적으로, 생리학적으로, 그리고 진화적으로—이 여섯 가지 관점 모두에서 개체로 이해되어 왔기 때문입니다. 이것이 오랫동안 통설로 작동해 왔습니다.

그런데 앞서 말씀드린 그 리뷰 논문은, 바로 이 여섯 가지 관점 모두에서 "동물은 개체가 아니다"라는 주장을 제기합니다. 이 논문은 새로운 실험을 제시하기보다, 기존의 연구들을 전면적으로 검토하면서, 그것들을 공생의 관점으로 다시 읽어냅니다. 그렇게 해서 이 논문이 쓰이게 된 것입니다. 논문의 마지막 문장은 이렇게 말합니다.

"우리는 모두 지의류다(We are all lichens)."

이 문구는 도나 해러웨이의 저서 『트러블과 함께하기』 2장에 실린 제사(epigraph)로도 등장합니다. 강렬한 선언이지요.

지의류(地衣類)는 영어로 라이켄(lichen)이라고 부릅니다. '땅의 옷'이라는 어원을 영어가 직접적으로 가지고 있는지는 모르겠습니다만, 동아시아에서는 이를 '지의'라고 번역해 왔습니다. 저는 이 번역이 정말 탁월하다고 생각합니다. 땅을 덮고, 땅과 함께 살아가며, 땅의 표면에서 생명을 지속하는 존재라는 의미가 아주 정확하게 담겨 있기 때문입니다.

땅 지표면의 거의 대부분은 이러한 지의류가 차지하고 있습니다. 말 그대로, 땅의 옷, '지의'라고 할 수 있지요. 그래서 지의류에는 실로 다양한 종류가 존재합니다.

지의류가 19세기, 그러니까 1800년대에 처음 발견되었을 때에는, 이를 조류(algae)와 균류(fungi)가 결합한 공생체로 설명했습니다. 그 이후 약 150년 동안, 지의류는 늘

두 가지 생물체가 이루는 공생체로 인식되어 왔지요.

그런데 2016년 무렵이었습니다. 『사이언스(Science)』
에 발표된 연구를 통해, 지의류가 단 두 가지가 아니라 수
십 가지 생물체가 함께 이루는 집합체라는 사실이 밝혀집
니다. 두 가지인 줄 알았더니 세 가지였고, 세 가지인 줄
알았더니 네 가지였다는 식입니다. 분석이 진행될수록, 참
여하는 생물체의 수는 계속 늘어났습니다.

결국 드러난 결론은 이렇습니다. 지의류는 엄청나게
다양한 생물체들이 집합체(collective)를 이루고, 집합체를
형성하면서 하나의 공생체로 살아가고 있다는 점입니다.

이것이 지금까지 축적된 생물학적 보고들이 공통적으로 보여주는 바입니다.

이 관점을 인간의 몸으로 가져와 보아도 사정은 크게 다르지 않습니다. 우리 몸 역시 수많은 잡다한 존재들로 이루어져 있습니다. 처음부터 서로 다른 것들이 만나 함께 살아가게 되면서, 진핵세포라는 생물체가 형성되고, 그 다음 단계로 원생생물(protists)이 등장합니다. 그리고 그로부터 동물이 만들어지고, 식물이 만들어졌다는 것이 공생생물학에서 제시하는 기본적인 가설입니다.

이러한 진화의 이해를 포스트 모던 신시시스(Post-Modern Synthesis)라고 부르기도 하고, 혹은 익스텐디드 신시시스(Extended Synthesis), 즉 확장된 현대 종합설이라고 부르기도 합니다. 핵심은 분명합니다. 진화는 단일한 개체의 선형적 축적이 아니라, 서로 다른 것들이 만나고 섞이며 함께 살아가는 과정이라는 이해로 이동하고 있다는 점입니다.

7. 모든 생명의 공동의 조건, 필멸성

도나 해러웨이는 『종과 종이 만날 때(When Species Meet)』에서 이렇게 말합니다.

"내 몸이라고 부르는 공간에서, 전체 세포 가운데 10퍼센트만 인간의 게놈이 발견된다."

나머지 90퍼센트는 다른 것들입니다. 박테리아, 균류, 원생생물(protists) 등의 게놈으로 가득 차 있는 것이지요.

그중 일부는 내가 살아가는 데 반드시 필요한 기능에 협조합니다. 또 일부는 이리저리 이동하면서도, 다른 부분에 큰 해를 끼치지 않은 채 공존합니다. 그래서 우리는 우리 자신보다 훨씬 더 많은, 아주 작은 반려들과 함께 살아가고 있다고 말할 수 있습니다.

이 점에서 해러웨이는 이렇게 말합니다. "우리는 그들과 함께 식사하면서, 한 사람의 성인이 된다, 어른이 된다! 그래서 '하나가 된다'는 것은 언제나 많은 것들과 함께 되는 일이다!"

물론, 이 개별 생물상들 가운데에는 분명히 위험한

내 몸이라고 부르는 세속적 공간을 구성하는 전체 세포 중에서 약 10%
에서만 인간의 게놈이 발견된다는 사실이 기쁘다. 나머지 90%는 박테리
아, 균류, 원생생물 등의 게놈으로 차 있고, 그 중 일부는 내가 살아 있는
데 필요한 부분으로 협조하고 있는 것도 있고, 이리저리 이동하면서 나와
우리의 나머지 부분에 달리 해를 끼치지 않으면서 탄탄하게 떠받치고 있
는 것도 있다. 그리고 이들 작은 반려들 쪽이 나보다는 훨씬 수가 많은 까
닭에 우리는 이들 작은 동료들과 식사를 함께 하면서 한 사람의 성인이 된
다. 하나가 된다는 것은 언제나 많은 것들과 함께 하는 것이다. 이들 개별
생물상의 일부는 지금 이 문장을 쓰고 있는 나에게 위험한 존재이지만, 그
이외의 인간 세포와 또 그 이외의 모든 것이 협조함으로써 어쨌든 위험은
방지되고 있고, 그 덕분에 의식이 있는 내가 존재하고 있다.

존재들도 포함되어 있습니다. 우리 몸에서는 매일 같이 암세포가 생성됩니다. 그럼에도 불구하고, 우리는 즉각 암에 걸리지 않습니다. 왜냐하면 대식세포(macrophage)를 비롯한 면역 체계가, 매우 위태로운 균형을 유지하고 있기 때문입니다. 이 균형이 단 한순간이라도 미끄러지면, 그때 우리는 암에 걸리게 됩니다.

그러니, 여기서 중요한 점은 이것입니다. 이 모든 존재들은 잠재적으로 위험합니다. 그러나 인간의 세포와, 인간이 아닌 다른 모든 존재들이 협조함으로써, 위험은 어쨌든 관리되고, 우리는 살아 있습니다. 바로 그 덕분에, 지금 이 순간에도 의식을 지닌 '나'가 존재합니다.

내가 죽고 나면, 내 몸에 있던 많은 존재들은 잠시 동안 내 몸을 이용할 것입니다. 불에 태워지기 전까지는요. 그리고 그 이후에는, 다시 각자의 길로 흩어져 가겠지요.

이렇게 자기 안에서 벌어지고 있는 이 모든 과정을, 우리는 과연 선(善)이라고 말할 수 있을까요. 우리는 흔히 인간이 아닌 자연에 대해 '섭리'라는 말을 사용합니다. 그런데 섭리라고 말하는 순간, 우리는 사실상 아무것도 설명하지 않겠다고 결심하는 것과 다르지 않습니다.

그래서 제가 마지막으로 주목하고자 하는 것은, 우리의 공동의 존재 조건입니다. 왜 우리는 박테리아와 함께 살게 되었을까요? 이유는 단순합니다. 잡아먹었기 때문입니다.

신은 음식을 필요로 하지 않습니다. 그렇지요. 그러나 우리는 그렇지 않습니다. 우리는 필멸의 존재입니다. 생명체는 모두 필멸적입니다. 살아가기 위해서는 반드시 무언가를 먹어야 하고, 무언가를 이용해야만 합니다. 바로 이 점이, 우리가 공유하고 있는 존재론적 조건입니다.

해러웨이가 "하나가 된다"라고 말했을 때, 왜 그 '하나'가 언제나 많은 것들과 함께하는 상태일까요. 그 이유는 우리가 신이 아니기 때문입니다. 필멸의 존재이기 때문입니다. 필멸한 존재는 혼자서 완결될 수 없고, 다른 것들이 절대적으로 필요합니다.

여기서 '절대적으로 필요하다'는 말은, 단순히 도움이 된다는 뜻이 아닙니다. 그만큼 다른 것들과의 관계가 생존의 조건이라는 뜻입니다. 그런데 이러한 관계들을 전부 하나로 뭉뚱그려 "섭리"라고 말해 버리면 어떻게 될까요. 그것은 설명이라기보다는, 오히려 덮어버리는 말에 가깝습니다. 모든 것을 설명하는 것처럼 보이지만, 사실은 아무것도 설명하지 못합니다.

그래서 저는, 이 관계 자체를 '정치'라고 생각해 보면 어떨까라는 질문을 던지고자 합니다. 왜냐하면 이 관계 안에는 언제나 서로 다른 권력들이 존재하기 때문입니다.

고세균은 상대적으로 큰 존재이고, 잡아먹는 쪽입니다. 박테리아는 작은 존재이고, 잡아먹히는 쪽이지요. 분명히 이 둘은 서로 다른 권력을 가지고 있습니다. 그러나 이 관계는 일방적인 지배의 관계도 아니고, 권력이 작은 쪽이 일방적으로 수동적으로 굴복하는 관계도 아닙니다.

함께 산다는 것은, 그들 사이의 관계가 이미 매우 정치적인 관계로 이루어져 있다는 뜻이 아닐까요? 바로 이 질문이, 제가 오늘 여러분께 던지고자 했던 도전적인 과제입니다.

여기까지 하겠습니다.

잠시 한 10분 정도 쉬고, 다음 이야기를 이어가도록 하겠습니다.

8. 아테네의 정치가 은폐한 것

저는 『지구의 철학』이라는 책을, 작년(2024년)에 이진경 선생과 함께 썼습니다.

이 책은, 지금 우리가 맞닥뜨린 기후 위기, 기후 격변이라는 사태 앞에서 "어떻게 극복할 것인가"를 말하는 책은 아닙니다. 극복 못합니다. 그건 못합니다. 그렇다면 질문은 바뀌어야 합니다. 우리는 어떻게 살 것인가? 그 문제의식을 가지고 쓴 책입니다.

『지구의 철학』에서 저는, 이 기후 격변 자체를 '비인간의 정치'로 생각해 보면 어떨까라는 제안을 했습니다. 그리고 그 사유의 중심에 필멸성이라는 개념을 놓고, 정치를 다시 연결해 보았습니다.

물론 이것이 저 혼자만의 독창적인 발상은 아닙니다. 도나 해러웨이는 지구를 테라폴리스(Terrapolis)라고 부르기도 합니다. 그리고 "나는 하나의 사변적 우화를 제시하겠다"고 말하면서, 테라폴리스라는 개념을 내놓지요.

해러웨이는 굉장히 복잡한, 말하자면 중적분에 가까

필멸성과 정치

지구: 테라폴리스Terrapolis

Polis-> Politics, Polite, Police

플라톤: 국가는 배이고 정치가는 조타수다
미셸 세르: 신성한 예의
자끄 랑시에르: 치안과 정치의 구분

운 방정식을 제시하면서, 지구에 존재하는 모든 것들의 상호 관계―그 관계 속에서 지구라는 것이 어떻게 구성되고 생성되는지를 수학적 형식으로 표현합니다. 다만, 거기서 언급만 할 뿐 자세한 설명은 하지 않습니다. 그래서 저는 바로 그 지점을, 조금 더 밀어붙여 보고자 했습니다.

여기서 어원을 잠깐 짚어보겠습니다. 폴리틱스 (politics), 폴라이트(polite)―예의 바르다는 뜻이지요―그리고 폴리스(police). 이 단어들은 모두 폴리스(polis)에서 나왔습니다. 같은 어원을 공유합니다. 그래서 해러웨이는 지구를 테라-폴리스(Terra-polis)로 사유합니다. 아테네의 폴리스, 즉 정치체로서의 도시국가처럼 말이지요.

플라톤은 『국가』에서 정치를 배에 비유합니다. 정치체는 배이고, 정치가는 조타수다―이 비유, 너무 익숙하지 않습니까? 조타수는 선장입니다. 키를 쥐고 방향을 정하는 사람, 즉 유능한 정치가가 있어야 배가 잘 나아간다는 이야기입니다. 결국 리더의 자질에 대한 비유입니다.

그런데 이 비유에 대해, 프랑스의 철학자 미셸 세르 (Michel Serres)는 이렇게 말합니다. "정치를 배에 비유하는 것,

이 자체는 정말 적절하다." 하지만 동시에 이렇게 덧붙입니다. "플라톤은 배를 한 번도 타본 적이 없음이 분명하다."

왜냐하면 세르는 뱃사람의 아들이었고, 그 자신 또한 실제로 배를 타던 사람이었기 때문입니다.

미셸 세르의 저서 가운데 『물리학의 탄생: 루크레티우스의 텍스트』라는 책이 있습니다. 이 책은 올해 8월, 박성관 선생에 의해 번역되어 출간되었습니다.

여기서 세르는 무엇보다 물에 대해 이야기합니다. 우리가 지구라고 부르는 이 행성은, 사실 대부분이 물로 이루어져 있습니다. 그럼에도 불구하고 우리는 이것을 '지구', 즉 땅의 이름으로 부릅니다. 사실 더 정확하게 말하자면, '해구(海球)'라고 불러야 맞는 셈이지요. 박성관 선생 역시 지구를 해구라고 불러야 한다고 말합니다.

그렇다면 이제 다시 질문으로 돌아가 보겠습니다. 왜 세르는 "플라톤은 배를 한 번도 타본 적이 없음이 분명하다"고 말했을까요? 배라는 것은 도대체 어떤 공간일까요?

땅에서는 분쟁이 생기면 도망갈 수도 있고, 잠시 물러나 쉴 수도 있습니다. 그러나 배는 다릅니다. 배의 난간을 벗어나는 순간, 그 바깥에는 오직 죽음밖에 없습니다. 선택지가 사라지는 공간입니다.

바로 그렇기에, 배 안에서는 서로 예의를 지킬 수밖에 없습니다. 선상 반란이 자주 발생하는 이유 역시, 반강제적으로 다수가 선원이라는 하나의 운명 공동체로 묶이기 때문입니다. 그렇게 선상 반란이 일어나고, 그 결과로 해적이 되기도 합니다.

해적들은 그래서 종종 아나키스트로 살아갑니다. 이에 대한 인류학적 연구들도 존재합니다. 데이비드 그레이버(David Graeber)의 연구들이 대표적입니다.

세르는 배 위에서 지켜지는 이 질서를 '신성한 예의'라고 부릅니다. 이것이 바로 예의바름(politeness)입니다. 그리고 이 예의는 도덕적 이상에서 비롯되는 것이 아니라, 필멸성이라는 조건 때문에 가능합니다.

배의 난간 바깥에서는, 누구나 예외 없이 죽을 수밖에 없습니다. 바로 이 동일한 조건이, 오히려 사람들 사이의 평등성을 만들어내고, 서로에게 예의를 지키게 합니다. 배에서도 권력의 차이는 분명히 있습니다. 그러나 그 권력이 일방적인 지배나 일방적인 억압으로 기울어지지 않도록 만드는, 매우 팽팽한 긴장이 형성됩니다.

세르는 바로 이 상태를 정치라고 부릅니다. 이것은 우리가 흔히 생각해 온 정치와는 전혀 다른 개념의 정치입니다.

9. 로고스의 정치로는 불충분하다

그리고 저는 여기에 더해, 자크 랑시에르(Jacques Rancière)가 구분한 치안(治安, police)과 정치(politics)의 개념 역시 많이 참조했습니다. 랑시에르는 아테네의 폴리스가 사실상 치안에 의해 유지되는 체제였다고 말합니다. 여기서 치안이란 무엇일까요. 그것은 신체들의 질서, 다시 말해 신체들을 분할하고 배치하는 질서입니다.

무슨 말이냐 하면, 바로 그 질서에 의해 누구의 말은 로고스(logos)가 되고, 누구의 말은 소음(noise)이 된다는 뜻입니다. 그 질서에 의해 누구는 시민이 되고, 누구는 노예가 됩니다. 이 질서, 즉 치안이 존재의 자격을 가르는 기준이 되는 것입니다.

우리는 아테네를 떠올릴 때 흔히 폴리스(polis)만 생각합니다. 그러나 폴리스의 바깥에는 언제나 오이코스(oikos)가 있었습니다. 오이코스는 가정을 뜻합니다. 그 가정에는 오이코스의 우두머리, 즉 가부장이 있었고, 어린이 · 여성 · 노예, 그리고 비인간들이 생산과 생계의 부담을 담당

했습니다.

한나 아렌트(Hannah Arendt)의 해석을 빌리면, 아테네 사람들이 붙잡고 씨름했던 핵심적인 분할은 이것이었습니다. 인간은 동물이기도 하면서 인간이기도 하다. 그런데 동물은 필연성, 동물로서의 자연의 필멸성에 묶여 있습니다. 먹으면 다시 배고파지고, 또 먹이를 찾아 나서야 하며, 끊임없이 노동에 매여 살아야 합니다. 먹기 위해 사는 존재에게 자유는 없다고 여겨졌던 것이지요. 그래서 동물에게는 자유가 없다고 생각했습니다.

그렇다면 진정한 인간이 되기 위해서는 무엇을 해야 할까요? 아테네 사람들은 그 동물적인 것을 떼어내야 한다고 생각했습니다.

따라서 능력이 부족하다고 여겨진 이들에게 동물적인 역할을 맡깁니다. 내가 신체를 가짐으로써 져야 하는 짐─먹어야 하고, 만들어야 하고, 하루하루를 살아내야 하는 그 부담─을 모두 오이코스에 전가합니다. 오이코스에 부담을 그렇게 떠넘긴 뒤에 남는 시간, 그 여유와 자유가 바로 폴리스를 구성하는 요건이라고 여겨졌습니다. 그것이 곧 시민의 조건이었습니다.

이로 인해 아테네의 시민들은 오이코스 안에서 어떤 일이 벌어지든 크게 개의치 않았습니다. 고대 그리스의 오이코스에서는 자식이 노예로 팔리기도 했습니다. 우리가 오늘날 당연하게 여기는 '어린이'라는 개념은 매우 근대적인 발명에 가깝습니다. 당시 어린이는 아직 노동력이 없고, 아직 어른이 되지 않은 미성숙한 존재였기 때문에 시민이 될 수 없는 자로 간주 되었습니다.

노예 역시 마찬가지입니다. 고대 그리스의 노예는 세습 노예가 아니라, 대부분 전쟁 포로였습니다. 전쟁에서 패배했을 때 자결하는 것이 명예로 여겨졌고, 그럼에도 목숨에 집착해 죽지 못한 자들은 인간의 자격이 없는 존재로 여겨졌지요. 오이코스의 노예가 되어도 되는 존재들이었던 겁니다.

이렇듯, 치안(police)에 의해, 오이코스는 폴리스 바깥으로 밀려납니다. 오이코스에 속한 이들 역시 말을 하지만, 그 말은 로고스가 아니라 소음으로 취급됩니다. 반면 시민들은 서로 의사소통하고 토론할 수 있는 자들로 인정

됩니다. 아테네인들은 치안에 의해 유지되는 그 공간을 폴리스라고 불렀던 것이지요.

이런 의미에서 아테네의 폴리스는, 사실상 치안에 의해 유지되는 체제였습니다.

그렇다면 여기서 정치(politics)란 무엇일까요. 자끄 랑시에르에 따르면, 정치는 폴리스 안에서 몫을 가진 자들이 정해 놓은 셈법—"너희는 몫이 없는 자들이고, 우리는 몫이 있는 자들이다"—에 이의를 제기하고 그 질서 안으로 밀고 들어가는 행위입니다. 다시 말해, 그 셈법 자체를 흔드는 것이 정치입니다.

그래서 역사적으로 노예 해방 운동이나 반식민 운동과 같은 사건들은, 랑시에르적인 의미에서 모두 정치에 해당합니다. 다만 중요한 점이 있습니다. 랑시에르 역시 정치를 여전히 말의 관점, 곧 로고스의 문제로 이해한다는 점입니다.

랑시에르는 정치를 결국 '말로서 하는 것'으로 사유합니다. 이를 설명하기 위해 그가 자주 드는 예가, 로마의 아벤티누스 언덕 사건에 관한 이야기입니다.

로마에서 전쟁이 벌어졌을 때, 평민군이 집단적으로 전쟁을 거부하고 아벤티누스 언덕으로 올라가 버립니다. "전쟁을 하지 않겠다"고 빠져버린 것이지요. 국가로서는 큰 위기가 됩니다.

이에 귀족 측은 설득을 위해 조각상으로도 유명한 아그리파(Menenius Agrippa)를 평민군에게 보냅니다. 그런데 귀족들은 이렇게 말합니다. "우리가 어떻게 평민들과 협상을 할 수 있단 말인가? 저들의 말은 말이 아니다!" 협상은 '말을 나누는 행위'인데, 그들의 말은 로고스가 아니라는 판단이었던 것입니다.

그럼에도 불구하고 협상은 이루어지고, 결국 평민군은 설득되어 돌아옵니다. 랑시에르는 이 사례에 더해, 스키타이 노예의 이야기를 함께 제시합니다.

스키타이 노예들은 어릴 때 주인들에 의해 눈이 멀게 됩니다. 복종을 강제하기 위한 조치였지요.

그런데 스키타이 성의 귀족들이 모두 전쟁을 떠나 오랫동안 돌아오지 않게 되자, 노예들의 눈을 멀게 할 사람이 사라집니다. 그 결과, 이 노예들은 눈이 멀지 않은 상태로 남게 됩니다. 당시 성에는 해자가 있었고, 이 노예들은 무장을 한 채 전장에서 돌아오는 귀족들과 맞서 싸우게 됩니다. 당연히 귀족들은 큰 충격을 받습니다.

이후 대책을 논의하던 중, 한 사람이 이렇게 말합니다. "우리가 저들을 우리와 똑같은 전사로 대우했기 때문이다. 저들은 노예로 대우해야 한다." 그리고 채찍을 휘두릅니다. 그 결과, 노예들은 굴복합니다.

랑시에르는 이 두 이야기를 비교하면서 말합니다. 정치란 힘과 힘의 대결이 아니라는 것입니다. 스키타이 노예들의 경우는 힘과 힘의 대결이었지요. 랑시에르가 보기에 정치의 핵심은 거기에 있지 않습니다.

정치는 그런 동물적인 영역의 싸움이 아닙니다.

정치란, 기존의 질서—"너희의 말은 소음이지, 로고스가 아니야"—라고 규정된 그 질서에 이의를 제기하는 행위입니다. "협상 대표를 보내라", "우리의 말도 로고스다"라고 주장하는 것, 그것이 바로 정치입니다. 결국 다시 말의 문제로 돌아오죠.

그래서 랑시에르의 정치는, 치안(police)과 정치

(politics)를 구별한다는 점에서 굉장히 혁명적입니다. 하지만 보통의 정치가들은 이 둘을 구별하지 않습니다. 다만, 아무리 혁명적인 개념이라 하더라도, 랑시에르의 정치는 여전히 인간에 묶여 있습니다.

랑시에르의 유명한 책이 『무지한 스승(The Ignorant Schoolmaster)』이죠. 그는 지적인 평등성을 매우 강조합니다. 하지만 이 논의는 어디까지나 인간에게만 해당합니다. 필멸성은 정치와 직접 연결되지 않습니다.

플라톤도 그렇고, 랑시에르도 그렇습니다. 그런데 미셸 세르는 다릅니다.

세르는 이렇게 말합니다.

"난간 바깥에는 모두 죽음밖에 없다. 바로 그것이 정치를 가능하게 한다."

이에, 그는 신성한 예의를 정치와 직접 연결 시킵니다.

저는 이제, 지금까지의 논의로부터 도움을 받아서, 제 사유를 조금 더 밀고 나가 보았습니다. 이것은 동물의 기원에 관한 연구입니다.

동물이라는 것은 무엇일까요. 말 그대로, 먹는 자입

니다. 그렇다면 이 먹는 자는 어떻게 먹게 되었는가, 그 이
야기를 해보자는 것입니다.

10. 정치의 시작, 먹기

여기에 깃편모충류(choanoflagellates)라는 미생물이 있습니다. 이 깃편모충류가 바로 이 논의에서의 모델 시스템입니다. 동물의 조상이 어떻게 만들어졌는가를 설명할 때 사용되는 모델입니다.

이 미생물들은 이렇게 모여듭니다. 모여들면서 장미꽃처럼 배열을 이루는데, 이 구조가 바로 입이 됩니다. 다시 말해, 함께 먹게 되는 구조가 만들어지는 것입니다. 혼자 먹는 것보다, 이렇게 입을 만들어 함께 먹는 편이 훨씬 효율적이기 때문입니다.

그런데 이 협력은 순수하거나, 순진하거나, 무구해서 이루어지는 것이 아닙니다. 먹으려고 하는 것입니다. 아주 세속적인 동기입니다. 그 목적을 위해 협력하는 것, 그것이 바로 동물의 기원이라는 것이 니콜 킹(Nicole King)과 로사나 알레가도(Rosanna Alegado)의 연구입니다.

이 연구는 매우 권위 있는 학술지들에 실렸고, 지금은 동물의 기원을 설명하는 데 있어 아주 중요한 모델 시

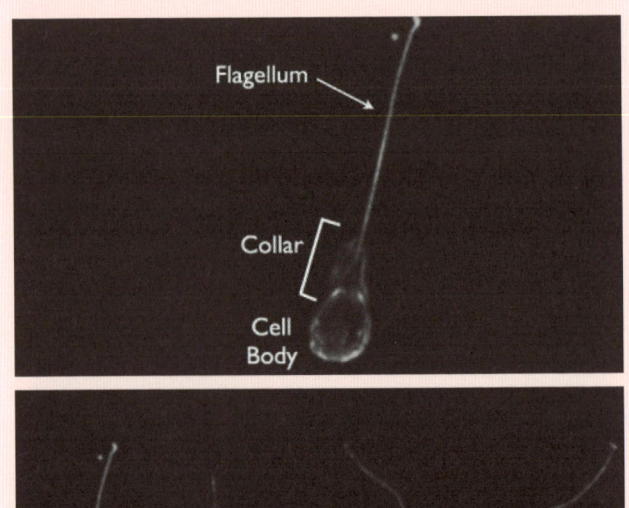

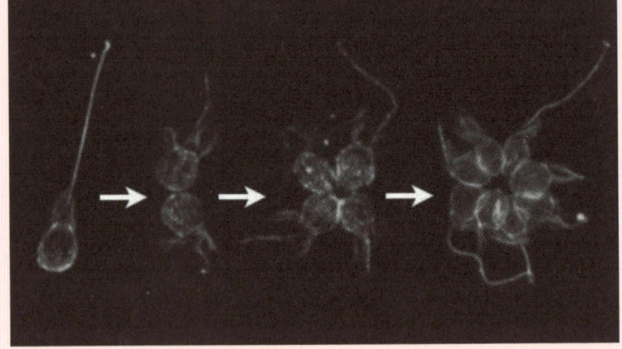

깃편모충류-박테리아 모델:니콜 킹, 로잔나 알레가도

박테리아와 동물조상들의 상호작용을 이해하면 박테리아가 어떻게 우리
자신들을 포함해서 오늘날 동물들의 생물학을 형상하는지를 설명하는데
도움이 될 것이다⋯.동물이 된다함은 박테리아와 함께 되기이다.

스템으로 자리 잡았습니다.

그렇다면 이제 저는, 이 지점에서 정치를 이렇게 정의해 보면 어떨까 생각하게 됩니다. 정치란, 랑시에르가 말한 것처럼 "너는 먹힐 존재야", "힘의 차이가 크기 때문에 약육강식은 당연해"라고 말하는 치안의 질서를 그대로 받아들이는 것이 아니라, 거기서 벗어나려는 시도, 그리고 거기에 대항하는 움직임입니다. 그리고 미셸 세르가 말한 것처럼, 서로 다른 권력을 가진 존재들이─분명히 권력의 비대칭이 있음에도 불구하고─아주 위험한 균형을 맞추며 함께 살아가고 있는 상태, 그 상태 자체를 정치라고 정의하는 것이 좋겠다고 생각했습니다.

이와 관련해서, 발 플럼우드(Val Plumwood)라는 오스트리아 출신의 유명한 에코페미니스트의 사례를 들 수 있습니다. 그의 책 『악어의 눈(Eye of the Crocodile)』은 몇 년 전에 한국어로 번역되었습니다. 이 사람은 운동을 무척 좋아하는 사람이었는데, 어느 날 호주의 국립공원에 혼자 카누를 타러 나갔다가 악어에게 잡아먹힐 뻔한 경험을 합니다. 악어는 먹이를 바로 물어뜯는 방식으로 사냥하지 않습니다.

먹이를 물속으로 끌고 들어가 질식시킨 뒤 먹습니다.

플룸우드는 체구가 작은 여성입니다. 그런데 악어에게 두 번이나 물속으로 끌려 들어갔다가, 기를 쓰고 살아나옵니다. 그리고 그 경험을 바탕으로 쓴 책이 바로 『악어의 눈』입니다. 부제는 '포식자에서 먹이로의 전락'입니다. 그는 이렇게 말합니다. "나는 악어의 눈을 통해, 마치 평행 우주처럼 보이는 세계로 뛰어들었다."

이 평행 우주란 무엇이냐 하면, 약육강식의 법칙이 지배하는 세계입니다. 인간은 스스로를 최상위 포식자라고 생각하기 때문에, 자신이 먹이가 될 수 있다는 생각을 한 번도 진지하게 해본 적이 없습니다. 그런 인간에게, 자신이 먹이가 되는 세계는 완전히 생소한 영토입니다.

그는 이곳을 이렇게 표현합니다. "이 가혹하고 생소한 영토가 바로, 모든 것이 흐르며 우리가 다른 존재의 죽음으로 살아가고, 또 다른 존재의 생명으로 죽는 헤라클레이토스적 우주다." 그러면서 묻습니다. "어째서 나는 나 자신을 먹이로 볼 수 없었을까?"

서구적 인간학에서 인간은 언제나 최상위 포식자이

포식, 먹이사슬

"저는 악어의 눈을 통해 평행우주처럼 보이는 곳으로 뛰어 들었습니다…
이 가혹하고 생소한 영토가 바로 모든 것이 흐르며, 우리가 다른 존재의
죽음으로 살아가고, 다른 존재의 생명으로 죽는 헤라클레이토스적 우주
입니다…어째서 저는 자신을 먹이로 볼 수 없었을까요?"

먹이사슬은 "놀랍도록 급진적인 평등의 세계"이자 "모든 생명종이 궁극적
으로 다른 존재의 먹이로 참여해 생명을 교환하고 공유하는 성체"이다.

생명의 진화, 그 역동적 정치에 관하여

고, 고귀한 특성을 지닌 존재로 상정됩니다. 그런 인간이 악어 따위의 먹이가 될 수 있다는 것은, 애초에 생각조차 할 수 없었던 것이지요.

그렇다고 해서 플럼우드가 생태학을 몰랐겠습니까. 당연히 인간도 먹힐 수 있습니다. 아무리 인간이 개념적으로 고귀하고 위대하다고 해도, 생물학적으로 맞붙으면 그냥 먹힙니다.

플럼우드는 이어서 이렇게 말합니다. "먹이사슬은 놀랍도록 급진적인 평등의 세계이며, 모든 생명종이 궁극적으로 서로의 먹이로 참여하면서 생명을 교환하는 장이다."

그런데 저는 플럼우드의 이 말에 솔직히 실망했습니다. 너무 뻔한 이야기를 하고 있기 때문입니다. 그렇지 않습니까. 포식자라고 해도 언젠가는 죽습니다. 죽으면 풀의 먹이가 되고, 곰팡이의 먹이가 됩니다. 죽은 몸에 가장 먼저 달라붙어 분해를 시작하는 것도 곰팡이입니다.

사실, "놀랍도록 급진적인 평등의 세계"라는 말을 먹히는 자의 입장에서 한 번 생각해 보십시오. 이것을 과연 평등한 세계라고 받아들일 수 있겠습니까. 너무 가혹하지 않습니까.

'우리는 모두 먹이다'라는 말의 의도는 이해할 수 있지만, 동시에 너무 많은 것을 가려버립니다. 그렇죠. 그것은 섭리라는 말과 마찬가지로, 너무나 헐렁한 옷입니다. 아무것도 설명하지 않는 말이 되어버립니다.

11. 동물의 정치, 누구도 먹이가 아니다

반면에 에두아르두 콘(Eduardo Kohn)의 『숲은 생각한다(How Forests Think)』라는 책이 있습니다. 저는 이 책에서 필멸성의 정치를 읽어낼 수 있었습니다. 이 책에서 콘이 다루는 사람들은 아빌라(Awila) 사람들, 즉 아마존의 저지대에 사는 사람들입니다. 아마존의 고지대 사람들은 제국을 만들며 살아왔지만, 저지대 사람들은 소규모의 사냥을 하며 살아온 집단입니다.

이 책의 첫 번째 에피소드가 인상적입니다. 콘이 현지 조사를 위해 머물던 중, 잠을 잘 때 엎드려 자고 있었던 것 같습니다. 그러자 아빌라 사람들이 이렇게 말합니다.

"엎드려 자지마. 재규어가 너를 먹이로 알아"

엎드려 있으면 눈이 마주치지 않잖아요. 재규어는 상대가 먹이일 때 공격하지만, 마주보고 있으면 서로를 자기(self) 대 자기(self)로 인식해 마주하게 된다는 겁니다. 그래서 먹이가 아니라, 나와 다른 자기로 알아본다는 거죠.

콘은 이렇게 말합니다. 아마존 사람들은 아마존 숲의

필멸성의 정치: 포식

"아빌라 사람들은 아마존 숲의 풍성한 자원 속에 있는 것이 아니라 자신들 못지 않게 생각하고 판단하는 "자기"들의 생태계 속에 있다."

숲의 모든 존재들은 모두 혼을 가진 자들이다. 혼을 가진다는 것은 다른 부류의 존재들을 의식하고 판단하는 능력이 있음을 의미한다.

혼맹: 다른 존재를 독자적 주어인 '자기'로 의식하고 판단하는 능력을 상실하는 것.
"먹이사슬이 위로 올라 갈 수록 좁아지는 피라미드인 것은 누구도 호락호락 먹이가 되지 않기 때문이다. 포식의 정치가 동물의 계속성을 가능하게 한다. 회복의 문을 열어주는 것이다."(《지구의 철학》)

풍성한 자원 속에 사는 것도 아니고, 자원을 마음대로 사용할 수 있는 재료로 여기는 것도 아닙니다. 그들은 자신들 못지않게 생각하고 판단하는 '자기들'의 생태, 즉 생태계 속에 살고 있다고 말합니다.

이들은 사냥으로 살아갑니다. 여자든 남자든 모두 사냥을 합니다. 사냥을 멀리서 보면, 약육강식이 지배하는 세계처럼 보입니다. 그런데 자세히 들여다보면, 사냥은 굉장히 어렵습니다.

예를 하나 들어보죠. 우리나라에 사슴 비슷하게 생긴 고라니가 있습니다. 고라니는 전 세계적으로는 멸종위기종인데, 대만과 우리나라에는 많이 있습니다. 우리나라에서는 많은 종들이 로드킬(roadkill)로 죽고 있는데, 그중에서도 고라니가 특히 많이 당합니다. 왜 그럴까요. 고라니는 차를 포식자로 인식합니다. 포식자라면 도망가야 하잖아요.

그런데 생각해 봅시다. 사슴류가 도망쳐서 포식자의 속도를 이길 수 있습니까? 표범이 얼마나 빠른데요. 그래서 이들은 그냥 부딪힙니다. 그런데 포식자는 전속력으로

부딪히면 상처를 입습니다. 상처를 입으면 사냥을 할 수 없죠. 그래서 포식자는 피합니다. 무서워서가 아니라, 더러워서도 아니라, 다음 사냥을 위해서 살아 남아야 하기 때문에 피하는 겁니다.

등을 돌리면 분명히 잡아먹히지만, 이렇게 맞서는 쪽이 살 확률이 훨씬 높습니다. 이것이 바로 사냥이라는 겁니다. 아빌라 사람들은, 사냥이란 심지어 아구티(agouti) 같은 작은 초식 동물을―쥐 비슷한 동물인데요― 잡을 때조차도, 엄청난 집중력을 가지고 그 존재와 대결해야 하는 것임을 알고 있습니다. 그렇지 않으면 자신들이 금방 잡아먹히기 때문이죠.

그래서 이들은 이렇게 말합니다. "숲의 모든 존재는 혼을 가진 자들이다." 혼을 가진다는 것은, 다른 부류의 존재들을 의식하고 판단하는 능력이 있다는 뜻입니다.

판단하는 것은 인간만이 아닙니다. 재규어도 판단하고, 아구티도 판단하고, 원숭이도 판단합니다. 모두가 판단합니다.

이 사람들에게 특히 흥미로운 관습이 하나 있습니다.

젊은이가 결혼하고, 아내가 임신을 하게 되면, 그 젊은 신랑은 혼맹에 빠진다고 합니다. 말하자면 좀 바보가 되는 상태입니다. 이 상태에서는 상대를 다른 존재, 즉 다른 자기(self)로 제대로 인식하지 못합니다. 그래서 굉장히 취약해집니다.

아빌라 사람들은 이런 혼맹에 빠진 자들을 사냥의 미끼로 사용합니다. 데리고 숲으로 나가, 세워 둡니다. 그러면 동물들은 금방 알아봅니다. 이 사람이 혼맹 상태인지, 자신과 대등한 자기인지, 아니면 그냥 먹잇감인지를 말이죠.

엎드려 자는지, 누워 자는지도 동물들은 다 알아봅니다. 그래서 심지어 초식 동물인 아구티조차도, "얘는 만만하다"고 판단하고 달려든다고 합니다.

그렇다면 이 이야기가 무엇을 말해 주는가. 발 플룸우드가 보지 못한 지점은 바로 여기에 있습니다. 먹이사슬이 평등하다는 점은 보았지만, 먹이사슬이 위로 올라갈수록 점점 좁아지는 피라미드 구조라는 점이 무엇을 의미하는지에 대해서는 충분히 생각하지 않았다는 겁니다. 누구도 호락호락 먹이가 되지 않습니다. 그리고 바로 그렇기 때문에 동물의 세계가 가능합니다.

만약 강한 자들이 백발백중 사냥에 성공했다면 어떻게 되었을까요? 모두 잡아먹었겠죠. 그러면 결국 자기 자신을 끝내는 꼴이 되었을 겁니다. 지금 우리가 정확히 그런 상황에 놓여 있습니다. 최상위 포식자인 인간이, 엄청난 힘을 가지고 다 잡아먹고 있는 상태죠.

하지만 실제 동물의 세계에서는 그렇지 않습니다. 누구도 쉽게 먹이가 되지 않기 때문에, 그 세계는 계속성을 유지할 수 있습니다. 우리가 지금 기후 격변 속에서 이 계속성이 근본적으로 의심받고 있는 이유는, 잡아먹는 방식으로 살아온 끝에 이제는 스스로를 잡아먹게 된 상태에 이르렀기 때문입니다.

그래서 사냥을 단순히 약육강식의 방식으로만 이해하는 것은, 전적으로 포식자의 관점입니다. 그렇게 보면, 잡아먹히는 자는 "잡아먹힐 만해서 잡아 먹혔다"고 생각하게 됩니다. 하지만 사실은 그렇지 않습니다. 그냥 잡아먹힌 것일 뿐이지, 먹혀야만 했던 것은 아닙니다. 이 둘은 전혀 다릅니다. "먹혀야만 했다"는 말은 법칙을 전제합니다. 그런데 현실은 그런 법칙으로만 작동하지 않습니다.

잡아먹히지만, 동시에 잡아먹혀야만 하는 상황을 피하려는 것, 혹은 그 상황으로부터 이탈하려는 시도—저는 바로 그것을 정치라고 생각합니다. 이 논의는 『지구의 철학』에서 제가 이미 피력한 바 있습니다.

12. 식물의 정치, 증여에는 대가가 있다

필멸성의 정치에는 또 하나의 중요한 예가 있는데, 그것이 바로 증여(gift)입니다. 이 사례는 애나 칭(Anna Tsing)이 편집한 『손상된 행성에서 사는 기술들(Arts of Living on a Damaged Planet)』에 등장합니다.

호주에는 유칼립투스(eucalyptus) 나무가 많습니다. 그리고 이 유칼립투스 나무의 중요한 수분 매개자(pollinator)가 바로 날여우박쥐(flying fox bat)입니다. 여기 보이는 것이 유칼립투스의 꽃입니다.

이 박쥐는 수분 매개자입니다. 박쥐는 야행성이기 때문에, 이들을 부르려면 밤에 불러야 합니다. 그래서 유칼립투스는 밤에 꽃을 피웁니다. 향기가 멀리 퍼집니다. 그러면 수 킬로미터 떨어진 곳에서도 박쥐들이 떼를 지어 날아옵니다. 지금 보이는 오른쪽 그림은 흑백이라 잘 보이지 않지만, 박쥐가 거꾸로 매달린 채 얼굴에 꽃물을 잔뜩 묻히며 수분을 하는 장면입니다. 여기저기 꽃물을 먹고, 이동하면서 수분을 돕습니다.

필멸성의 정치: 증여

《손상된 행성에서 사는 기술들》

식물의 입장에서 보면, 꽃물을 제공하고, 향기를 만들고, 여러 화학물질을 만들어내는 일은 굉장히 많은 에너지를 요구합니다. 그런데도 유칼립투스는 자신의 수분 매개자를 위해, 할 수 있는 만큼을 모두 내어줍니다. 그래서 밤에는 마치 파티가 벌어지는 것처럼 보입니다. 인류학자 데보라 버드 로즈(Deborah Bird Rose)는 이런 장면을 포틀래치(potlatch)라고 부릅니다. 말 그대로, '증여의 잔치'가 벌어지는 것이죠.

이처럼 밤의 잔치가 끝나면, 박쥐들은 날아가고, 아침이 올때까지 남아 있는 것들을 다른 새들이나 곤충들이 와서 먹습니다. 말하자면 잔반 처리죠. 그렇게 하면서 또 수분이 이루어집니다.

자, 우리는 박쥐를 대체로 싫어하잖아요? 호주에서도 마찬가지로 박쥐는 혐오 동물로 취급됩니다. 그래서 사람들은 박쥐를 마구 죽입니다. 그래서 마구 죽었고, 박쥐의 개체수가 급감했습니다. 그 결과, 유칼립투스의 수분이 제대로 이루어지지 않게 되고, 유칼립투스의 개체 수가 점점 줄어들고 있습니다.

이런 증여의 장면을 보면, 우리는 흔히 식물을 '아낌없이 주는 나무'로 상상합니다. 식물은 원래 뭐든지 퍼주고, 그냥 주기만 하는 존재라고 생각하죠. 그런데 그렇지 않습니다.

이렇게 많은 에너지가 드는 일을 하는 것은, 내가 살기 위해서입니다. 이 사례를 통해 제가 말하고 싶은 것은, 이것이 매우 기회주의적인 생존이라는 점입니다. '기회주의적'이라는 말은 도나 해러웨이가 사용하는 표현이기도 합니다.

13. 기회주의적인 생존은 협력의 정치다

우리는 보통 기회주의를 굉장히 나쁜 말로 생각합니다. 얍
삽하고, 비열한 태도라고 여기죠. 영웅은 꺾일지언정 고개
를 숙이지 않는다고 생각합니다. 이것은 영웅의 관점, 권
력이 센 자의 관점입니다. 기회주의를 폄하하는 이와 같은
시선은, 사실 권력이 있는 쪽의 시선입니다. 권력이 약한
자들은 기회주의가 아니면 살아남을 수 없습니다.

예를 하나 들어보겠습니다. 하와이안 짧은 꼬리 오
징어(Hawaiian bobtail squid)가 있습니다. 하와이에 사는 작
은 오징어인데요, 이 오징어는 푸른빛을 냅니다. 왜냐하
면 박테리아에 감염되어 있기 때문입니다. 이 오징어의
배에는 비브리오균(Vibrio bacteria)─콜레라를 일으키는 것
으로 알려진 그 비브리오균─이 서식합니다. 유생 시기,
약 5cm 정도일 때 배 부분이 감염됩니다. 그러면 이 오
징어는 빛을 내는 능력, 즉 생물발광(bioluminescence)을 갖
게 됩니다.

이렇게 빛을 내면 무엇이 좋을까요. 포식 활동에 굉

기회주의적인 생존

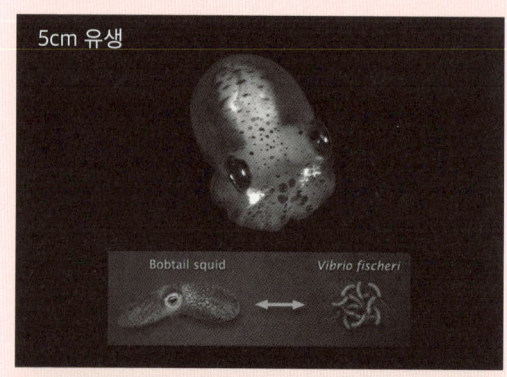

5cm 유생

Bobtail squid ←→ *Vibrio fischeri*

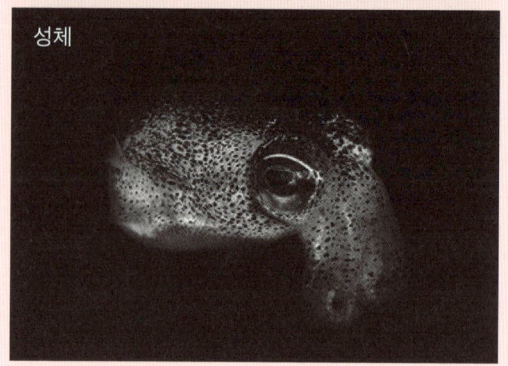

성체

맥폴-응아이의 연구: 하와이 짧은 꼬리 오징어와 비브리오 균의 공생 : 오
징어는 비브리오균을 가지고 태어나지 않는다. (포스트모던 종합설의 모
델 생물 중 하나)

장히 유리해집니다. 물속에서 먹이를 향해 다가갈 때, 빛을 내면 그림자가 생기지 않습니다. 보통 포식자가 접근하면 그림자가 생겨서 먹이가 도망가는데, 이 오징어는 빛을 내기 때문에 먹이가 그 그림자를 인식하지 못합니다. 그래서 먹이를 잡을 수 있는 거죠.

이걸 두고, 하와이안 짧은꼬리 오징어의 남다른 미적 감각이라고 말할 수도 있겠습니다. 하지만 중요한 점은, 이 오징어가 어릴 때 감염되지 않으면 이 발광 능력을 갖지 못한다는 것입니다. 그러면 포식 활동에 큰 어려움을 겪게 됩니다.

다만 중요한 조건이 있습니다. 이 박테리아는 배 부분에만 존재합니다. 만약 온몸을 덮는다면 어떻게 될까요. 박테리아가 오징어의 영양분을 모두 빨아들일 것입니다. 그래서 오징어는 일정 부분만 박테리아가 살 수 있도록 허용합니다.

그 선을 넘으면, 가차 없이 제거합니다. 이 역시 아주 냉정하고, 세속적인 균형의 정치입니다.

이 경우에도 마찬가지입니다. 박테리아의 입장에서

세속적인 너무나 세속적인

야생담배와 담배박각시나방

는 여기에 붙어 살면서 쉽게 먹이를 취할 수 있고, 오징어의 입장에서는 미적인 효과도 있고 포식 활동에도 도움이 됩니다. 이렇게 서로 생존하는 관계인데, 중요한 것은 상호적 균형을 맞추는 일입니다. 내가 나만 먹으려고 하면, 그 관계는 금방 깨집니다.

굉장히 세속적이죠, 이는 우리가 정치를 비난할 때 흔히 쓰는 말 아닙니까? 정치는 도덕률이 아닙니다. 생존의 기회를 놓치지 않기 위해서는 끊임없이 기회를 엿보아야 하죠. 특히 권력이 약한 존재들은 그렇게 하지 않으면 살아남지 못합니다. 그러므로 기회주의는 정치의 속성입니다. 굉장히 기회주의적인 것이 정치입니다.

예를 하나 더 들어보겠습니다. 야생 담배(wild tobacco)와 담배박각시나방(tobacco hawk moth)의 관계입니다. 이 야생 담배는 사막에 삽니다. 아주 척박한 환경이죠. 미국의 사막 지역 같은 곳에서 자랍니다.

이 식물은 천둥과 번개가 칠 때 발아하도록 진화했습니다. 번개가 친다는 건 무엇을 의미하나요? 비가 온다는 신호입니다. 그래서 번개가 칠 때 발아하도록 진화한 겁니다. 얼마나 기회주의적으로 진화했습니까? 비가 오면 정말 빠르게 자랍니다.

확 자랍니다. 그리고 곧바로 꽃을 피웁니다. 그러면 이제 빨리 자손을 퍼뜨려야 하잖아요. 그래서 "나 여기 있어~"라고 알리듯 페로몬(pheromone)을 대량으로 방출 합니다. 그러면 담배박각시나방이 날아옵니다.

이 나방은 날아 와서 수분을 해줍니다. 그런데 거기서 끝나지 않습니다. 이 나방은 만족하지 않고, 잎에 알을 낳고 떠납니다. 그러면 애벌레가 자라서 잎을 갉아 먹기 시작하죠.

이토록 척박한 환경에서 잎을 갉아 먹히면, 식물은 치명적입니다. 그래서 야생 담배는 어떻게 하느냐 하면, 담배박각시나방에게 소화 불량을 일으키는 물질을 방출 합니다. 그러면 애벌레가 배탈이 나서 먹지 못합니다. 그래도 나가지 않으면 어떻게 할까요? 포식자를 부릅니다. 특정 화학물질을 공기 중으로 방출하면, "여기 도시락이 있다"는 신호가 되고, 포식자가 날아옵니다.

이 역시 정말 대단한 균형 위에서 작동하는 정치입니

다. 내어주되, 전부 내어주지는 않는 방식의 정치가, 여기서 이루어지고 있습니다.

14. 회복의 정치가 계속성을 만든다

그런데 이런 생각이 들 수 있습니다. "그래도 너무 작은 존재들—쥐 같은 경우—은 도망쳐 봐야 거기서 거기 아니냐. 거의 100% 잡아먹히지 않느냐. 그렇다면 그런 존재들에게도 정치가 있는가?"

이 질문에 대해 다른 각도로 생각하게 해주는 사례가 애나 칭의 책에 나옵니다. 그것이 바로 투구게(horseshoe crab)입니다.

우리가 투구게를 많이 알게 된 계기가 있죠. 코로나 시기에 푸른 피가 세균 검출에 사용되면서입니다. 투구게는 삼엽충 시대부터 살아남은 생물입니다. 정말 오래된 생명체죠. 이들의 계속성은 놀라울 정도입니다.

투구게의 진화 전략은 무엇일까요? 바로 동시에 알을 낳는 것입니다. 예를 들어, 미국의 어느 해변을 보시면, 보름달이 뜰 때 투구게들이 떼를 지어 몰려옵니다. 알을 낳기 위해서죠. 암컷이 모래에 구멍을 파고 알을 낳으면, 수컷이 정액을 뿌리는 방식입니다. 엄청난 수의 투구게가

계속성을 가능하게 한 회복의 정치:

투구게와 붉은가슴도요새

몰려옵니다.

그런데 이 알을 먹는 포식자가 있습니다. 바로 붉은 가슴 도요새(red knot)입니다. 이 새는 한 번에 수백 킬로미터를 이동하는 것으로 유명합니다. 이동 중에 반드시 쉬어야 하고, 쉬는 동안 집중적으로 먹어야 합니다. 그래서 투구게가 알을 낳는 시기와, 도요새가 이동하는 시기가 정확히 조율되어 있습니다. 해변에 엄청난 양의 알이 깔리면, 도요새가 내려와 먹습니다.

여기서 정치가 무엇일까요? 도요새의 정치가 아닙니다. 투구게의 전략입니다. "먹을 테면 먹어라! 다 먹지는 못할 만큼, 내가 충분히 낳아주겠다!" 이것이 정치입니다.

작은 것들의 정치는 이런 방식입니다.

작은 존재들은 대체로 많은 새끼를 낳습니다. 이것은 엄청난 에너지를 투여하는 일입니다. 게다가 이 결정은 개체 하나의 판단이 아닙니다. 떼로 이루어지는, 집단적인 결정입니다.

우리는 집단적 결정을 떠올릴 때 회의를 상상합니다. 하지만 투구게가 알을 낳기 전에 회의를 했겠습니까? 아닙니다. 가능한 것은 반응들이 집합되는 것입니다. 너무나 많은 알을 낳기 때문에, 포식자가 먹고 또 먹어도 남습니다.

그리고 도요새에게도 정치가 있습니다. 이들은 수천 년 동안 이런 방식으로 살아왔는데, 이들의 정치는 싹쓸이하지 않는 것입니다. 영양가가 얼마나 높겠습니까? 며칠씩 머물며 다 먹을 수도 있었을 겁니다. 하지만 도요새는 한 차례 내려와 먹고 바로 날아갑니다. 너무 배가 부르면 날 수 없기 때문입니다. 그래서 많이 먹었지만 여전히 많은 알이 남고, 그 결과 투구게와 붉은가슴도요새 양쪽의 계속성이 유지됩니다.

그런데 지금은, 수백만 년을 이어온 투구게의 계속성

이 위협받고 있습니다. 이유는 간단합니다. 잡기가 너무 쉽기 때문입니다. 그냥 주우면 되니까요. 알이 가득 찬 투구게는 장어 낚시의 미끼로 사용됩니다. 그리고 더 많이 사용되는 것은 이들의 피입니다. 투구게의 푸른 피는 세균 검출에 쓰입니다.

그래서 투구게를 산 채로 잡아 피를 뽑고, 다시 처리해서 바다에 돌려보냅니다. 우리는 이것을 복지적이라고 말하지만, 과연 살아남을 수 있을까요. 10%도 살지 못합니다. 그 결과, 붉은가슴도요새 역시 멸종 위기에 처하게 됩니다. 그러면 그 도요새를 먹고 살아가는 존재들 역시 연쇄적으로 멸종에 이르겠죠.

이렇게 연쇄 반응이 일어납니다. 지금 우리가 마주하고 있는 사태—우리는 흔히 기후 위기만 이야기하지만—사실은 여섯 번째 대멸종이 이미 진행 중입니다. 기후 위기와 함께 가고 있습니다. 여섯 번째 대멸종은 이런 방식으로, 정말 캐스케이드처럼 퍼져나갑니다.

그리고 지금 우리는, 최상위 포식자인 인간이 스스로를 잡아먹게 되는 시기로 들어서고 있습니다. 더 이상 먹

을 것이 없으면, 결국 자기 자신을 먹게 되는 단계로 가고
있는 것이죠.

15. 기후격변은 비인간의 정치다

그래서 저는 이것을, 이 그림을 통해서 생각해 보게 됩니다. 이 그림은 구스타프 아돌프 모사(Gustav Adolf Mossa)라는 화가가 1905년에 그린 작품입니다. 세이렌(Siren) 신화, 다들 아시죠? 『오디세이아』에 나오는 이야기입니다. 세이렌의 목소리가 너무나 아름다워서, 그 목소리에 홀리면 뱃사람들이 결국 난파하게 되는 신화죠. 그래서 오디세우스는 자신의 몸을 묶고, 부하들에게는 귀를 막게 한 채 그 노래를 듣고, 결국 무사히 빠져나옵니다.

그런데 모사는 이 신화를 아주 기묘하게 그려냅니다. 지금 물에 가라앉고 있는 것이 무엇입니까. 인류의 문명이라고 부를 만한 것들—미 의사당 같은 상징적 건축물들—이 모두 물속으로 가라앉고 있습니다. 그리고 그 위에 남아 있는 존재들은, 동물인지, 날개가 달린 존재인지, 비늘이 있는지, 기계인지 분간하기 어려운 기묘한 괴물들입니다. 꼭대기에는 세이렌이 피를 흘리며, 날카로운 발톱을 드러내고 서 있습니다.

Democracy: 자격 없는 자들의 지배

가이아의 침입 __ 이자벨 스텡겔스

Gustav-Adolf Mossa, 〈세이렌〉, 1905

우리는 어떻게 전지구적
데모크라시에 참여할 것인가?

이 그림은, 지금 우리의 상황을 그대로 반영하고 있는 것처럼 보입니다. 이자벨 스텡겔스(Isabelle Stengers)는 벨기에의 과학철학자입니다. 그는 지금의 사태를 '가이아의 침입(The Intrusion of Gaia)'이라고 부릅니다.

앞서 말씀드린 것처럼, 가이아 가설은 제임스 러브록이 제기했지만, 처음 이 가설이 나왔을 때는 "무슨 말도 안 되는 의인화냐?", "지구를 신화에 빗대어 설명하다니!" 하면서 곧바로 기각되었습니다. 그래서 러브록은 이 가설을 보다 시스템적으로 설명하기 위해, 이른바 데이지월드(Daisyworld) 모델을 제시합니다. 이것은 하나의 컴퓨터 시뮬레이션입니다.

지구와 비슷한 가상의 행성과, 태양과 비슷한 가상의 항성을 하나 설정합니다. 그리고 초기 행성의 평균 온도를 약 5도로 두고 실험을 시작합니다. 여기에 세 가지 종류의 데이지 씨앗을 뿌립니다. 검은 데이지, 흰 데이지, 그리고 회색 데이지입니다. 햇빛을 가장 잘 흡수하는 것은 검은색이죠.

이 데이지들은 5도 이하에서는 발아하지 못하도록

설정되어 있습니다. 그런데 적도는 상대적으로 따뜻하잖아요. 그 지역에서 먼저 검은 데이지가 자라기 시작합니다. 다른 데이지들도 발아는 하지만, 잘 자라지 못합니다. 흰색은 빛을 반사하고, 회색은 검은색보다는 덜 흡수합니다. 그래서 검은 데이지가 점점 우세해집니다.

다음 해에는 검은 데이지가 더 많이 자라겠죠. 검은색은 행성의 온도를 더 올리니까요. 그다음 해에는 더 많아집니다. 그렇게 되면, 이제는 적도만이 아니라 행성 전체가 검은 데이지로 뒤덮이게 됩니다.

그런데 이 데이지는 30도 이상에서는 또 자라지 못하도록 설정되어 있습니다. 그래서 온도가 너무 올라가면, 검은 데이지는 결국 자기 자신을 잡아먹는 결과를 낳습니다. 더 이상 자랄 수 없게 되는 거죠. 그때 살아남는 것은 흰 데이지입니다. 흰색은 빛을 반사해서 온도를 낮출 수 있기 때문입니다. 처음에는 조금씩 보이던 흰 데이지가 점점 늘어나고, 결국 다시 행성을 덮어버립니다. 그러면 온도가 내려가죠.

이렇게 검은 데이지 → 흰 데이지 → 다시 검은 데이지로 이어지는 과정에서, 행성의 온도는 최소 온도와 최대 온도 사이를 오르내리며 유지됩니다. 이것이 가이아 가설에서 말하는 항상성(homeostasis)의 모델이었습니다. 굉장히 시스템적인 설명이죠. 그런데 지금은 이 모델이 전혀 맞지 않습니다. 오늘날의 비평형 물리학(non-equilibrium physics)은 지구의 항상성이 더 이상 유지되지 않고 있다고 보고합니다.

가이아 같은 프로세스가 여러 개 겹쳐서 동시에 작동하고 있거든요. 그런데 그중 하나가 어긋나기 시작합니다. 그러면 그 어긋난 입력이 다른 프로세스로 들어가서, 거기서 또 어긋나기 시작합니다. 이렇게 되면 점점 증폭이 일어납니다. 작은 변화들이 연쇄 반응을 일으키면서 계속 커지는 거죠.

폭탄이라는 것도 그렇습니다. 증폭이 만들어내는 결과입니다. 원자폭탄도 작은 반응들이 연쇄적으로 증폭되다가, 한순간에 터지는 폭탄이 되는 것이죠. 그래서 비평형 물리학을 연구하는 학자들은 가이아 가설을 많이 참조하면서도, 그것을 더 이상 균형을 이루는 가이아가 아니라, 균형을 잃어버린 가이아, 혹은 미처 날뛰는 가이아로 이야기합니다. 이자벨 스텡겔스는 이를 '가이아의 침입'이라고 부릅니다. 어떤 침입이냐 하면, 기존의 올림푸스적 질서, 인간이 세워 놓은 질서들을 위협하고, 그것을 쓸어버리는 침입이라는 겁니다.

그렇다면 이 가이아는 어디에서 이런 무시무시한 힘을 얻게 되었을까요. 지구라는 단순한 흙덩이에서 나왔을까요. 그렇지 않습니다. 그 힘은 지구에 살고 있는 생명체들에게서 나옵니다. 심지어 탄소에서도 나옵니다. 탄소는 오래전에 죽은 식물들이 들이마신 숨의 응결이죠. 탄소만이 아닙니다. 메탄도 있습니다.

지금 지구상의 포유류 가운데 94%가 인간을 위한 가축입니다. 정말 이상한 비율입니다. 이 가축들이 내뿜는 것이 바로 메탄가스입니다. 또 하나, 수력발전소를 만들기 위해 땅을 수몰시키면, 그 안에서 썩는 유기물들이 모두 메탄을 만들어냅니다. 이런 것들이 지구의 온도를 끌어올립니다. 물론 메탄은 대기 중 체류 기간이 이산화탄소보다 짧지만, 그렇다고 해도 무시할 수 없는 영향을 미칩니다. 이 모든 것은 우리가 스스로 만들어낸 상황입니다. 이것이 바로,

우리가 지금 맞닥뜨리고 있는 기후 격변의 역설입니다.

그래서 저는 이 사태를 데모크라시(democracy)라는 말로 이해해 보면 어떨까 생각합니다. 우리는 데모크라시를 민주주의라고 번역하지만, 사실 그것은 데모스(demos)의 지배입니다.

데모스란 무엇인가? 원래는 자격 없는 자들, 즉 폴리스(polis)에 들어갈 자격이 없는 자들을 가리키는 말이었습니다. 그래서 고대인들에게 민주주의는 종종 야만으로 여겨졌습니다. 자격 없는 자들이 지배한다니, 말도 안 된다고 생각했던 거죠.

그런데 지금 우리가 맞닥뜨리고 있는 상황은 무엇입니까. 정치의 파트너로 생각하지 않았던 존재들, 그저 '작동할 뿐'이라고 여겼던 존재들이 각자 나름의 방식으로 반응하고, 그 반응들이 모여서 우리에게 엄청난 결과로 돌아오고 있습니다. 이것이 바로 자격 없는 자들의 지배, 다시 말해 데모크라시입니다.

우리가 정치를 떠올릴 때, 흔히 인간만이 정치할 수 있다고 생각합니다. 정치인은 인간만의 것이라고 여기죠.

그런데 역사를 돌아보면, 우리는 이것을 굉장히 진화론적으로 설명해 왔습니다.

예를 들어 이런 이야기입니다. 구석기 시대에는 사람들이 소규모로 모여 살았기 때문에, 그때는 비교적 평등한 세계가 있었을 것이다. 그런데 농경이 시작되고 인구가 늘어나고 사회의 규모가 커지면서, 자연스럽게 권력을 잡는 자들이 생겨났다는 설명이죠.

고고학에서 자주 다뤄지는 중요한 이야기 가운데 하나가 바로 사피엔스의 역사입니다. 호모 사피엔스(Homo sapiens)가 등장한 것은 고작 1만 년 전의 일입니다. 그 이전에는 네안데르탈인을 비롯해 여러 인간 종들이 공존하고 있었죠. 그런데 그들이 수십만 년 동안 거의 변화 없이 존재하다가, 어떻게 갑자기 호모 사피엔스가 등장했는지에 대해서는, 사실 명확한 설명이 없습니다.

이 지점에서 데이비드 그레이버(David Graeber)와 데이비드 웬그로(David Wengrow)는 『모든 것의 새벽(The Dawn of Everything)』에서 이렇게 말합니다. 인간은 처음부터 인간이 할 일을 해 왔다. 즉, 인류의 초기 역사란 대단한 정치적 실험의 시대였다는 겁니다. 그리고 실제로 많은 유적들이 그것을 보여주고 있습니다.

구석기 시대의 무덤들을 보면, 어떤 무덤에는 화려한 순장의 흔적이 남아 있습니다. 그런데 그 위에, 나중 시기에 공동주택 같은 구조물이 세워져 있는 경우가 있습니다. 이것은 무엇을 의미할까요? 기존의 위계적 질서를 의도적으로 무너뜨렸다는 것입니다.

우리는 역사를 이야기할 때, 자꾸 이것을 하나의 법칙으로 설명하려고 합니다. 진화의 법칙, 지배의 필연성 같은 것으로 말이죠. 인간은 점점 똑똑해지고, 그래서 권력의 분화와 지배는 어쩔 수 없다고 생각하게 됩니다. 하지만 그렇지 않다는 겁니다.

저는 이런 사고를 비인간의 영역까지 확장할 수 있으리라 생각합니다. 왜 새로운 방식들을 계속 시도하겠습니까. 기존의 방식으로는 잘 살 수 없기에 시도하는 겁니다.

마찬가지로 지구의 역사에서도, 이미 다섯 번의 대멸종이 있었습니다. 지금은 여섯 번째 대멸종이 시작되고 있죠. 이전의 대멸종들은 대부분 외부적 원인, 예를 들어 거

대한 천체의 충돌 같은 것들이 원인이었습니다.

그 가운데에는 지구 생명체의 90% 이상이 사라진 멸종 사건도 있었습니다. 예를 들어 이런 경우를 생각해 볼 수 있습니다. 한때 지구는 혐기성 환경이었고, 산소를 먹으면 죽는 생물들로 가득 차 있었습니다. 그런데 시아노박테리아(cyanobacteria)가 광합성을 시작하면서, 산소가 대량으로 방출됩니다.

그 결과, 엄청난 대몰살이 일어났겠죠. 하지만 그 시기가 지나고 나면, 다시 살아남은 생명체들이 등장합니다. 그리고 이전에 말씀드린 것처럼, 고세균이 호기성 세균을 잡아먹어 몸속에 들이면서, 산소를 이용하는 완전히 새로운 방식의 생명이 탄생합니다. 이것은 하나의 엄청난 발명입니다.

이런 의미에서, 산다는 것은 곧 발명하는 것입니다. 멸종이 한 번 일어나고, 설령 10%만 살아남더라도, 그 생명들은 다시 새로운 풍요를 만들어냅니다. 이 과정은 어떤 훌륭한 리더가 있어서도 아니고, 신적인 섭리가 있어서도 아닙니다. 우리가 대수롭지 않게 여기는, 살려고 하는 기회주의적인 움직임들—그 움직임들이 집단적으로 이루어질 때—그것이 바로 매우 세속적인 정치가 됩니다.

그리고 바로 그 정치 덕분에, 지구의 계속성은 지금까지 유지될 수 있었습니다. 이것이 제 가설이고, 저는 이 생각을 『지구의 철학』에서 주장한 바 있습니다.

자, 우리는 이제, 섭리 같은 말로 이 상황을 설명하려 할 때, 그로부터 무엇을 할 것인가를 구체적으로 도출하기가 어렵다는 점을 인식해야 합니다. 생태주의자들이 종종 그렇게 말하듯이 말입니다.

"우리는 원래 평등한 세계에 살고 있었고, 그래서 자연으로 돌아가야 한다", "문명이 시작되면서부터 우리는 몰락의 길을 걷기 시작했다"는 식의 가설들은 많이 있습니다. 그런데 그 다음에 무엇을 하라는 건가요? 그 이야기로는 아무런 실천적 지침도 만들어낼 수 없습니다.

우리는 다시 원시로 돌아가야만 할까요? 비인간 동물들과의 관계를 잘 유지해야 한다는 말, 식물들과의 관계도 마찬가지라는 말—그 자체로는 틀리지 않습니다. "어떤 것은 토속종이고, 어떤 것은 외래종이다" 같은 구분만으로는 지금의 계속성이 무엇 때문에 위협받고 있는지를 설명할 수 없습니다.

중요한 것은, 이 문제를 선과 악의 이분법으로 나누지 않으면서, 그 원인을 어떻게 바라볼 것인가입니다. 저는 그런 접근이 훨씬 더 중요하다고 판단합니다.

그래서 더 이상 비인간들을, 인간만의 공동체인 '지구'를 유지하기 위한 치안(police)의 대상으로만 바라보지 말고, '정치적 파트너로 생각해 보면 어떨까?'라고, 저는 제안하고 싶습니다. 언어가 없는 그들이 어떻게 정치적 파트너가 될 수 있느냐고 물을 수 있지만, 말은 그저 하나의 의사소통 수단일 뿐입니다. 말이 아니어도 우리는 서로의 관계를 알 수 있습니다. 정치란 관계를 변화시키는 것입니다. 그들을 정치적 파트너로 생각한다면, '우리는 지금과는 다른 관계들을 만들어 나갈 수 있지 않을까?'라는 고민을 해봅니다.

마지막으로, 아주 장시간 저의 강의를 끝까지 경청해 주셔서, 대단히 감사합니다.

Q&A

● **사회자**(사회자;질의자1)

강의를 들으면서 미생물 이야기를 이렇게 길게 듣는 것이 정말 한 10여 년 만인 것 같아, 솔직히 이해하기가 쉽지는 않았습니다. 저는 대학에서 초보 강사로 일하고 있고, 전공은 역사입니다. 강의를 나가다 보면 늘 선배들로부터 "정치 이야기하면 큰일 난다"는 말을 듣게 됩니다. 그래서 저 역시 정치 이야기를 피하게 되는데, 그것이 단지 학생들과의 관계를 원만하게 유지하기 위한 선택이 아니라, 혹시 저 스스로가 정치를 거부하고 있는 것은 아닐까 하는 생각이 들기도 합니다.

개인적인 경험을 하나 말씀드리면, 최근에 논문 두 편을 썼는데 비슷한 평가를 받았습니다. "왜 인간의 이기적인 부분만 확대해서 쓰느냐", "그게 무슨 의미가 있느냐"는 지적이었습니다. 그런 평가를 반복해서 받다 보니, 오늘 강의에서 말씀하신 생명이나 정치의 어떤 아름다움보다는, 오히려 제 사고가 점점 고립되는 방향으로 가고 있는 것은 아닐까 하는 불안도 들었습니다.

그래서 인간 자체가 변하고 있는 것은 아닐지, 이것이 단순히 MZ 세대와 같은 세대 담론의 문제가 아니라, 정말 어떤 근본적인 변화가 진행되고 있는 것은 아닐지 고민하게 되었습니다. 오늘 강의는 저뿐 아니라 더 어린 학생들이 들었을 때도 굉장히 중요하게 다가올 것 같다는 생각이 들었는데요. 이 강의를 우리는 어떤 태도로 받아들이면 좋을지, 그리고 정치라는 말을 어떻게 이해하면 좋을지 여쭙고 싶습니다. 정치라는 말이 사실 좋은 말이잖아요. 그런데 동시에 조금 혼란스럽게 느껴지는 지점도 있었습니다.

🎧 최유미

네, 질문 감사합니다. 일단 '정치'가 좋은 말인가요? 사람들은 정치를 별로 좋게 여기지 않죠. 정치꾼, 정치권 같은 식으로 생각합니다. 그래서 저는 사실 정치의 개념을 바꿀 필요가 있다고 생각합니다. 우리가 흔히 보는 정치권의 활동은, 어쩌면 정치라기보다는 치안(police)에 가깝습니다. 치안이란 기존 질서를 유지하고 작동시키는 것이죠. 지금 우리나라 정치권을 봐도, 소위 진보든 보수든 대부분은 치안의 질서를 발동시키고 있습니다.

반대로 정치(politics)는 그 치안의 질서에 문제를 제기하는 것입니다. 정치는 늘 강자의 관점에서만 이해되어 왔습니다. 하지만 우리가 약자라고 부르는 존재들은 의존하지 않고는 살 수 없습니다. 그 의존성 자체가 하나의 조건입니다. 그 의존성이 정치를 가능하게 합니다. 반면 강자들은 특권적 위치에 있기 때문에 그런 의존성을 무시하고 살 수 있습니다. 그래서 그들은 치안에 능합니다.

저는 정치를 낭만화하지 않는 것이 굉장히 중요하다고 생각합니다. 협력이라는 말도 종종 섭리처럼 이해되지만, 비인간들도 포식자입니다. 야생 담배를 보십시오. 가차 없습니다. 소나무와 곰팡이, 송이버섯의 관계도 마찬가지입니다. 관계가 더 이상 성립하지 않으면 바로 떠나버립니다. 그래서 플랜테이션 작물들이 쉽게 망가집니다. 관계를 만들어내지 못하기 때문입니다.

정치를 "어떻게 함께 잘 살 것인가"에 대한 다양한 모색으로 이해한다면, 지금은 그 모색을 제대로 해야 할 시점이라고 생각합니다. 인구 문제만 봐도, 우리는 인구를 생산력으로만 보면서 "인구가 줄어서 어떡하나"라고 말하지만, 사실 인간은 너무 많습니다. 인간을 먹여 살리기 위해 생산되는 곡식과 가축의 규모가 지금의 위기를 만들고 있습니다. 그렇다면 인간의 수를 줄이는 문제 역시 정치의 영역이 됩니다. 물론 멜서스적인 방식이어서는 안 되겠죠. 다양한 존재들, 다양한 엔티티(entity)를 무시하지 않으면서 어떻게 가능한지를 고민해야 합니다.

정치를 너무 순수한 것으로만 상정하면 현실을 보지 못합니다. 현실 속에서 정치적 관계를 어떻게 만들어낼 것인가로 접근하면, 비거니즘의 실천이나 페미니즘, 자연 보호 활동 같은 것들이 서로를 적대시하지 않으면서 협력을 만들어낼 수 있는 방식이 될 수 있다고 생각합니다.

지식의 문제도 마찬가지입니다. 지식에는 언제나 책임이 따릅니다. 그런데 과학을 사실로만 말하면 책임이 사라집니다. GMO 문제를 보아도, 실험실의 GMO와 농장에 나간 GMO는 전혀 다릅니다. 그래서 과학은 사실이 아니라 책임의 문제로 다뤄져야 합니다. 이 지점 자체가 이미 정치의 영역입니다.

정치는 모든 곳에 있습니다. 인간과 사물의 관계, 앎의 영역, 비인간과 비인간의 관계, 인간과 비인간의 관계— 모든 곳에 정치가 있습니다. 완벽한 파라다이스는 없습니다. 중요한 것은 그럭저럭 좋은 관계를 만들고, 관계가 어긋났을 때 다시 시도할 수 있는 개방성을 열어 두는 것입니다. 정치를 조금 다르게 생각해 주셨으면 좋겠습니다.

🎧 **청중 1**(마현민)

안녕하세요. 선생님 강의를 너무 재미있게 들어서 시간이 이렇게 가는 줄도 몰랐습니다. 저는 성균관대학교에서 공부하고 있는 마현민입니다.

오늘 강의에서 말씀해 주신 내용들이 전반적으로 모두 흥미로웠는데요. 특히 아까 혼맹에 대한 말씀을 들으면서는, 어떤 면에서는 "이렇게 되면 안 되지 않을까"라는 생각도 들었습니다. 그런데 그보다 더 인상 깊었던 부분은, 사실 그 앞에 나왔던 이야기였습니다.

선생님께서 "숲의 모든 존재들은 모두 혼을 가진 자들이다. 혼을 가진다는 것은 다른 부류의 존재들을 의식하고 판단하는 능력이 있음을 의미한다"라고 말씀하신 대목이 특히 기억에 남았습니다. 개인적으로 우리는 인간과 다른 동물이나 식물을 구분할 때, 가장 먼저 이성을 떠올리곤 합니다. 인간은 판단할 수 있는 존재이고, 다른 동물들은 그 능력이 없거나 부족하다고 구분하는 경향이 있는 것 같습니다.

그런데 오늘 강연을 들으면서는, 동물들도 나름대로 생각하고 판단하는 것처럼 느껴졌습니다. 저는 그동안 그런 행동들을 그냥 생존을 위한 본능이라고 이해해 왔는데, 이렇게 설명을 듣고 나니, 본능이라고 하더라도 그 결과만

놓고 보면 인간이 생각해서 행동하는 것과 굉장히 비슷한 결과를 만들어내는 것처럼 보였습니다.

그래서 궁금해졌습니다. 이렇게 본능이라고도 부를 수 있는 동물이나 다른 생물들의 속성은, 인간이 판단하고 사고해서 행동하는 것과 어떤 점에서 다른지 혹은 본질적으로는 같은 생존이라는 목표를 향해 가는 또 다른 방식이라고 보시는지요. 그 점에 대해 선생님의 고견을 듣고 싶습니다.

◉ 최유미

같다고 할 수는 없겠죠. 다 다릅니다. 동물들에게는 우리가 수학 문제를 풀거나 논리 연산을 하는 일이 굳이 필요하지 않기 때문에 하지 않는 것입니다. 벌집을 보시면 육각형 구조가 가장 안정적인 구조인데, 그래서 "벌들이 기하학을 아는가"라는 질문이 나왔습니다. 연구를 보면, 벌들의 몸이 둥글기 때문에 처음에는 둥근 구멍이 만들어지고, 밀집 생활을 하면서 가능한 한 많은 구멍을 확보하려다 보니 그 구조가 육각형으로 정리됩니다.

이걸 두고 벌이 기하학을 모른다고 말할 수는 있겠지만, 벌들은 다른 방식으로 판단을 합니다. 그 판단은 체화된 판단입니다. 왜 그렇게 절약적인 구조를 만들겠습니까. 이유 없이 그런 게 아닙니다.

우리는 인간의 논리적 사고와 발명을 강조하지만, 논리는 가장 단순한 방식입니다. 실제 발명은 사물과 계속 부딪히고, 실패를 겪고, 다시 시도하는 과정에서 나옵니다. 이 점에서는 동물도 마찬가지입니다. 동물들도 온갖 것을 다 해보지 않았겠습니까.

그래서 데이비드 그레이버(David Graeber)가 말한 "구석기 시대는 정말 많은 것을 트라이해 본 시기였다"는 평가는 인간에게만 해당되는 것이 아니라, 동물과 식물의 진화에도 그대로 적용된다고 생각합니다. 진화를 적자 생존이라고 부르는 것은 아무것도 설명하지 않습니다. 중요한 것은 어떤 트라이를 거쳐 살아남았는가입니다.

우리는 시간을 너무 길게 잡아 생각하는 경향이 있습니다. 그런데 실제로 무언가를 만들어내는 시간은, 우리가 서로 얼굴을 맞대는 시간(face-to-face time)입니다. 이런 짧은 시간들이 쌓여 집단적으로 축적될 때 비로소 무언가가 만들어집니다. 기록에는 이런 시간들이 잘 남지 않지만, 사실은 바로 이런 시간들이 지금의 결과를 가능하게 했을지도 모릅니다. 그래서 시간에 대한 개념도 다시 생각해 볼 필요가 있다고 봅니다.

🎧 **청중 2**(김병진 선생님/단국대학교 일본연구소)

네, 질문드리겠습니다. 김병진입니다. 단국대학교 일본연구소에서 근무하며, 전공은 일본 근현대사 · 사상사입니다.

오늘 선생님 설명을 들으면서, 특히 세포의 공생 가설을 다루신 부분이 굉장히 인상 깊었습니다. 사실 제가 학위 논문을 쓸 때 다뤘던 인물이 하나 떠올랐는데, 1910~1920년대 일본에서 활동했던 한 아나키스트 사상가였습니다.

그 인물은 자신의 아나키스트적 사유를 전개하면서, 진화론을 비롯한 과학적 논의들을 적극적으로 끌어옵니다. 흔히 알려진 크로포트킨(Pyotr Kropotkin)의 상호부조설(mutual aid)과도 맞닿아 있지만, 단순히 "같이 공존해야 한다"는 도덕적 주장이라기보다는, 선생님께서 설명해 주신 19세기 세포 내 공생설과 유사한 논리를 이미 받아들이고 있었던 것처럼 보였습니다.

즉, 인간의 신체를 구성하는 세포 자체가 다양한 미생물—당시에는 박테리아라는 용어를 썼는지는 정확히 기억나지 않습니다만—서로 다른 것들의 결합을 통해 '인간'이라는 개체를 형성한다는 생각을 전제로 하고 있었던 것입니다. 그래서 그는 인간이 투쟁보다는 협력과 공생의 관계 속에서 나아가는 것이 오히려 더 과학적이며, 일종의 법칙이라고 주장합니다.

그런데 동시에 이런 생각도 들었습니다. 그 인물이 바로 "오스기 사카에(大杉 栄)"였는데요, 그가 이런 논리를 펼치던 당시에는 선생님께서 말씀하신 것처럼 19세기 후반 이후의 진화론, 즉 약육강식이 하나의 법칙이라는 사고가 사회 전반을 지배하고 있던 시기였습니다. 인간도 그 법칙을 따라야 한다는 식의 논리가 널리 받아들여지고 있었죠. 그런 상황에서 오스기 사카에는, 그에 맞서 또 다른 법칙성을 제시하려 했던 것처럼 보입니다.

문제는, 약육강식이든 공생이든, 과학적 사실을 근거로 "우리는 이렇게 살아야 한다"고 규정하는 순간, 서로 반대되는 주장임에도 불구하고 동일한 위험성을 갖게 된다는 점입니다. 과학적 사실을 규범으로 전환해 버리는 것이지요. 그렇게 되면 "인류가 이렇게 진화해 왔으니, 현대 사회도 이렇게 가야 한다"는 식의 아날로지가 쉽게 만들어질 수 있습니다.

저는 당시에는 오스기 사카에의 주장에 비교적 호의적인 입장이어서, "그래, 이렇게 힘을 합쳐야지"라고 생각했었습니다. 그런데 지금 다시 생각해 보면, 이런 사고 방식 자체가 굉장히 위험할 수도 있겠다는 생각이 듭니다. 특히 생명을 근거로 이런 이야기를 하면, 사람들은 너무 쉽게 납득해 버립니다. 설득력이 너무 강해서, 마치 반드시 따라야 할 이야기처럼 굳어질 위험이 있는 것 같습니다.

그래서 오늘 발표를 들으면서도, 초반에는 "이 논의가 위험할 수도 있겠다"는 생각을 계속하면서 들었습니다. 다만 그 위험성이 정확히 무엇인지 스스로 잘 정리되지는 않았습니다. 그런데 선생님께서 정치와 치안을 구분해서 설명해 주시는 대목을 들으면서, 그 실마리가 조금씩 보이기 시작했습니다. 치안은 일방적인 관계이고, 정치는 상호적인 관계인데, 이 상호성 역시 따져보면 굉장히 세속적이고, 전략적이며, 때로는 이기적인 행위들의 집합이라는 점이 특히 인상 깊었습니다.

그런 행위들이 어느 순간 균형을 이루면서 지금의 형태로 굳어졌고, 그것을 생물학적 맥락에서 정치라고 부를 수 있겠다는 생각도 들었습니다. 다만, 이 논의를 오늘날의 아날로지로 가져올 경우, 과거 일본이 식민지를 확장할 때 사용했던 논리—조정과 지배, 그리고 그 내부에서의 저항과 타협—와도 겹쳐 보일 위험이 있지 않을까 하는 생각이 듭니다.

이렇게 들으면서 제 안에는 아직 잘 소화되지 않는 지점이 남아 있습니다. 제가 두서없이 말씀드린 것 같지만, 요지는 이런 위험성에 대해 선생님 의견을 여쭙고 싶다는 것입니다.

◯ 최유미

말씀하신 것처럼, 19세기에 공생 가설을 제시했던 사람들 가운데에는 소련, 동부권 학자들이 많았습니다. 그 이데올로기적 배경과 무관하다고 하기는 어렵습니다. 다만 중요한 것은 그들이 처해 있던 맥락입니다. 당시에는 약육강식이 하나의 정당화 논리로 작동하고 있었고, 공생과 협력은 그 논리에 맞서기 위한 또 다른 정당화의 시도였습니다.

그런 논리들은 언제든지 전체주의로 흘러갈 위험을 안고 있습니다. '협력', '전체' 같은 말들이 그렇습니다. 정치의 차원에서 보면, 어떤 것이 전체로 작동하는 순간 반드시 치안(police)이 개입합니다. 그래서 열림이 중요합니다. 정치는 닫힌 전체에 안주하는 것이 아니라, 그 전체에 구멍을 뚫고 밀고 들어가는 힘이어야 합니다.

제가 정치라는 말을 쓰는 이유가 바로 여기에 있습니다. 이것을 법칙성으로 말해 버리면, 한쪽에서 하나의 법칙이 등장하는 순간 다른 쪽에서도 또 다른 강력한 법칙이 등장하게 됩니다. 19세기는 그런 의미에서 과학의 시대였습니다. 지금은 다른 방식의 아나키스트 정치를 생각해야 하는 시점이라고 봅니다.

　강자의 시선에서 보면 약자는 굴복하거나 거짓말을 하는 존재로 보일 수 있습니다. 하지만 약자의 입장에서는 기회를 포착하는 것이 핵심입니다. 그 기회를 어떻게 포착해 약점을 강점으로 전환할 것인가, 그리고 그 과정에서 연대를 어떻게 만들어낼 것인가가 중요합니다. 적당히 내어주고, 적당히 취하는 균형, 그것이 제가 비인간의 사례들을 통해 보여주고자 했던 정치입니다.

🎙 사회자

네, 그러면 지금 줌에 참석하고 계신 분들 중에 혹시 질의하실 분 계시면 말씀해 주시겠습니다. 마이크 설정이 되어 있는지 확인하시고, 마이크를 켜고 말씀해 주시면 됩니다. 그럼 박이진 교수님께서 먼저 말씀해 주시죠.

🎧 청중 3(박이진 선생님/성균관대학교 동아시아학술원)

저는 사실 어떤 확고한 사상을 가지고 살아가는 사람은 아니라서, 오히려 오늘 말씀을 들으면서 굉장히 재미있게 이것저것을 찾아보게 되었습니다. 그런데 강의를 듣는 내내, 계속 머릿속에서 떠나지 않았던 질문이 하나 있었습니다. 바로 "왜 정치일까?"라는 질문입니다.

앞에서 이미 관련된 질문이 나와서 더 생각하게 되었는데요. 선생님께서 말씀하신 맥락을 따라가다 보면, 생명이라는 것을 하나의 에너지의 차원으로 생각해 볼 수도 있을 것 같았습니다. 그렇다면 이 에너지를 어떻게 나누고, 서로 조율하면서 운영해 나갈 것인가의 문제라면, 이것은 정치라기보다는 경제라고 불러도 되지 않을까 한다는 거지요.

경제라는 것이 자원을 어떻게 효율적으로 운영할 것인가의 문제라면—물론 완전한 평등은 불가능하다고 하더라도—그래도 일정한 균형을 맞추는 문제라고 볼 수 있지 않겠습니까? 그런 점에서 보면, 선생님께서 말씀하신 것은 역동적인 정치라기보다, 역동적인 경제라고 불러도 되지 않을까 합니다. 그럼에도 불구하고 굳이 '정치'라는 표현을 선택하신 것은, 결국 선생님의 하나의 의도적인 개념 선택, 다시 말해 정치적 선택이 아닐까 합니다. 동시에,

그 선택 자체가 또 다른 논쟁을 불러올 가능성도 있지 않을까 하는 생각도 듭니다.

또 하나는, 인간을 '정치적 동물'이라고 정의해 온 오랜 전통에 대한 문제입니다. 그 고유성에 대한 도전 역시, 선생님께서 의도적으로 가져오신 것은 아닐까 합니다. 그래서 정치가 꼭 정치여야 하는가, 아니면 다른 언어—조금 엉뚱하게 들릴 수도 있겠지만—다른 개념으로도 말할 수 있지 않을까요? 첫 번째 질문에 대한 답변에서, 선생님께서 '책임성'이 가장 중요하다고 말씀하신 부분이 특히 인상 깊었습니다. 그렇다면 정치라는 말 속에는, 생명 윤리와 맞닿아 있는 책임의 문제가 굉장히 강하게 들어가 있는 것 같습니다.

그렇다면 여기서 또 하나의 질문이 생깁니다. 왜 인간만 책임을 져야 할까요?

제가 책임을 지기 싫어서 드리는 말씀은 아니고요. 지구의 역사에는 공룡의 멸종처럼, 인간과 무관하게 일어난 멸종도 있었습니다. 우리는 공룡에게 책임을 묻지는 않지요. 그런데 유독 인간에게만 책임을 묻는 것처럼 느껴질

때가 있습니다.

저 역시 책임이 굉장히 중요하다고 생각합니다. 다만 이 책임이라는 것이, 혹시 나누어질 수 있는 방식, 혹은 분담 가능한 형태로 설정될 수는 없는지—그 점에 대해 선생님의 고견을 듣고 싶습니다.

🎧 최유미

제가 굳이 정치라는 말을 쓰는 이유는, 이 문제를 정치적으로 사유해야 한다고 생각하기 때문입니다. 이것을 경제로만 보면, 인간의 입장에서 조정하는 문제로 축소됩니다. 경제는 보통 법칙으로 환원됩니다. 반면 정치는 본질적으로 역동적입니다. 가장 역동적인 것이 정치입니다. 그래서 저는 정치와 윤리를 분리할 수 없다고 생각합니다.

브뤼노 라투르(Bruno Latour)가 말한 사물의 의회(Parliament of Things)를 떠올려 보시면 좋겠습니다. 여기서 핵심은 사실의 문제가 아니라 관심(matters of concern)의 문제입니다. 무엇을 우려하고, 무엇에 관심을 가져야 하는가의 문제죠. 이 질문은 정치의 질문입니다.

과학은 "할 수 있다"는 사실까지만 말합니다. 그 이후에 어떤 일이 벌어질지는 과학자의 책임 밖으로 밀려납니다. 하지만 정치는 다릅니다. 정치에서는 책임을 물을 수 있습니다. 비인간들도 책임을 집니다. 다만 그 방식이 다를 뿐입니다. 그들은 몸으로 책임을 집니다.

인간의 책임에는 응답 가능성(responsibility)과 설명 가능성(accountability)이 있습니다. 비인간은 말을 하지 못하므로 어카운터빌리티를 지지 않지만, 리스폰서빌리티는 계속해서 지고 있습니다. 그래서 정치가 중요합니다.

● 사회자

네, 그러면 한 분만 더 질문을 받겠습니다. 마지막 질문을 받고 마무리하겠습니다. 줌이나 현장에서 질문 있으신 분 계시면 말씀해 주십시오.

● 청중 4

네, 질문하겠습니다. 선생님 강의 정말 재미있게 들었습니다. 앞에서 여러 선생님들께서 굉장히 깊이 있는 질문들을 많이 해 주셨는데, 저는 조금 다른 결의 질문을 드리고 싶습니다.

아까 마현민 선생님 질문과도 연결되는 것 같은데요. 선생님께서 본능에 대해 설명해 주시면서, 본능이라는 것도 결국 동물들이 수많은 시도를 거쳐 축적해 온 공생의 방식이라고 말씀하신 부분이 인상 깊었습니다.

그런데 인간의 경우를 생각해 보면, 우리는 오랫동안 스스로를 최상위 포식자의 위치에 두고 살아왔던 것 같습니다. 그런 조건 속에서 인간의 본능 역시 형성되어 왔겠지요.

그래서 이런 질문이 생겼습니다. 만약 인간 역시 앞으로는 공생의 방식으로 살아가지 않으면 생존할 수 없는 상황에 놓이게 된다면, 그러한 공생적 관계가 시간이 지나면서 본능처럼 자연스럽게 자리 잡을 가능성도 있을지, 선생님의 생각을 듣고 싶습니다.

● 최유미

쉽지는 않겠죠. 우리는 쉬운 길이 있고, 편한 집이 있기 때문입니다. 그렇게 하지 않아도 당장 죽지 않으니까요. 선상에서의 신성한 예의가 유지되는 이유는, 그렇게 하지 않으면 죽기 때문입니다. 우리는 그렇지 않습니다.

다만 위기가 점점 다가오고 있다는 것은 분명합니다. 그래서 브뤼노 라투르가 말한 '녹색 계급(green class)' 같은 개념이 등장합니다. 아주 구체적인 문제에서 어떻게 많은 세력들을 결집할 것인가, 그 질문이 정치입니다.

본능이라는 것도 오랜 시간 축적된 반응의 역사입니다. 인간에게도 여러 레퍼토리가 이미 축적되어 있습니다. 그 가운데 무엇을 끄집어낼 것인가는 언제나 관계 속에서 결정됩니다. 인간에게는 인간의 방식이 있고, 비인간에게는 비인간의 방식이 있습니다. 다만 말을 하지 못한다고 해서 아무것도 아닌 존재는 아닙니다. 그 점을 전제로 할 때, 정치라는 형식을 통해 우리의 문제들에 더 잘 접근할 수 있지 않을까, 그것이 제 의도였습니다.

🎙 사회자

시간 관계상 여기서 질의응답을 마무리하겠습니다.

🎧 최유미

오늘 끝까지 열심히 들어주시고, 의미 있는 질문들도 많이 해 주셔서 진심으로 감사드립니다.『지구의 철학』에서 다뤘던 논의들이지만, 오늘 질문들을 통해 저 역시 이 논의들을 더 확장해야겠다는 생각이 듭니다. 앞으로도 더 좋은 연구로 이어가 보겠습니다. 정말 고맙습니다.

동아시아미래가치연구소
생명학 CLASS 04

생명의 진화, 그 역동적 정치에 관하여

1판 1쇄 인쇄 2026년 2월 20일
1판 1쇄 발행 2026년 2월 27일

지은이   최유미
기획   동아시아미래가치연구소
정리   김영주·박이진
교정   마현민
펴낸이   유지범
책임편집   구남희
편집   신철호·현상철
외주디자인   심심거리프레스
마케팅   박정수·김지현

펴낸곳   성균관대학교 출판부
등록   1975년 5월 21일 제1975-9호
주소   03063 서울특별시 종로구 성균관로 25-2
전화   02)760-1253~4
팩스   02)760-7452
홈페이지   http://press.skku.edu/

ISBN 979-11-5550-700-1 94040
        979-11-5550-664-6 94040(세트)